LOCUS

LOCUS

LOCUS

LOCUS

mark

這個系列標記的是一些人、一些事件與活動。

mark 08

最後14堂星期二的課（20週年紀念版）

Tuesdays with Morrie

作者：米奇・艾爾邦（Mitch Albom）
譯者：白裕承、趙盛慈（後記）
責任編輯：陳郁馨、潘乃慧
內頁插畫：南魚
封面設計：林育鋒
校對：呂佳真
出版者：大塊文化出版股份有限公司
www.locuspublishing.com
台北市105022南京東路四段25號11樓
讀者服務專線：0800-006689
TEL：(02) 87123898　FAX：(02)87123897
郵撥帳號：18955675
戶名：大塊文化出版股份有限公司
法律顧問：董安丹律師、顧慕堯律師

總經銷：大和書報圖書股份有限公司
地址：新北市新莊區五工五路2號
TEL：(02) 89902588　FAX：(02) 22901658
初版一刷：1998年7月
二版一刷：2006年10月
三版一刷：2018年7月
三版十三刷：2023年3月
定價：新台幣280元
Printed in Taiwan

最後14堂星期二的課

Tuesdays with Morrie

米奇·艾爾邦 Mitch Albom——著
白裕承——譯

課程說明

我老師一生所教的最後一門課，每星期上課一次，地點在老師家的書房窗邊，窗外可看見一小株芙蓉，粉紅色的葉子落地紛紛。每星期二上課，早餐後開始，課程可以稱作「生命的意義」。老師用他的人生經驗來教。

這門課沒有評分，但每星期會有口試，你要回答一些問題，並提出疑問。你有時也得做些事，像是把老教授枕著的頭換個舒服的姿勢，或是把眼鏡架到他鼻梁上。吻他額頭道別，可以讓你得到額外學分。

這門課不需要課本，但涵蓋了很多課目，包括愛、工作、社區、家庭、年老、寬恕，以及最後的死亡。最後一堂課很短，只有幾句話。

沒有畢業典禮，只有一場葬禮。
沒有期終考，但要寫篇不短的報告，討論你所學到的事。我的報告就是這本書。
我老師一生最後一門課，只有一個學生。
這個學生就是我。

一九七九年暮春，一個炎熱令人汗流浹背的周六下午。在校園的大草坪上，一排排的木製摺疊椅整齊排開，我們成百個學生肩並肩坐在一起。我們穿著藍色的呢絨質長袍，對輪番上陣的長篇大論頗感不耐。等到典禮結束，我們把方帽子拋到空中，正式從麻薩諸塞州瓦森市的布蘭迪斯大學畢了業。對我們許多人來說，慘綠年少就此畫下了句點。

我找到了墨瑞・史瓦茲（Morrie Schwartz），我最喜愛的教授，介紹他給我父母親認識。他的個子矮小，步伐也小，彷彿只要吹起一陣強風，就會把他颳到雲端去。他穿著畢業典禮上的長袍，看來像是聖經上的先知，又像是聖誕節傳說的小矮人。他藍綠色的眼睛閃閃發亮，日漸稀薄的銀髮拂著前額，一雙大耳朵，鼻子呈三角狀，眉毛也逐漸變得灰白。他的牙齒曲彎，特別是下排牙齒向內斜，像是被人一拳打進去似的，但當他笑起來，那樣子像是聽到有史以來第一個笑話。

他向我父母表示，他的每一堂課我都去選修，他說：「你們的孩子很特別。」我有點不好意思，低頭看著腳。在互道珍重前，我給了教授一份禮物，那是一只棕色手提箱，上面有他的姓名縮寫字母。這是我前一天在一個購物中心買的。我不想就此忘掉他，也許是我不想讓他忘掉我。

「米奇，你是個好學生。」他一邊說，一邊端詳著手提箱。然後他抱了抱我，我感覺他細瘦的胳臂，環繞著我的背脊。我的個子比他高，當他這樣擁著我，我覺得手足無措，又覺得自己比較老，彷彿他是我的孩子。

他問說我會不會保持聯絡，我毫不遲疑回答：「那當然。」

當他退步向後，我看到他熱淚盈眶。

有關老師，之一

一九九四年夏天，他被判了死刑。但回頭看，墨瑞早在這之前就有不好的預感。他不再跳舞的那一天，他就知道了。

我的老教授一直喜歡跳舞。音樂並不重要，不管是搖滾、大樂團或藍調，他來者不拒。他會閉上眼睛，臉上掛著幸福的微笑，開始有韻律的手舞足蹈起來。他的舞姿不是頂漂亮，不過他不擔心舞伴的問題，因為墨瑞都是一人獨舞。

他每周三晚上總會前往哈佛廣場的教堂，參加一項叫「自由舞蹈」的節目。會場有燈光效果及震耳欲聾的音箱，墨瑞走進會場，場中多半是年輕學生。他穿著白色T恤及黑色的寬鬆運動長褲，脖子上掛著條毛巾。不管放什麼音樂，他都是聞樂起舞，從吉魯巴到吉米・漢崔克斯（Jimi Hendrix）的音樂，他都能跳。他扭啊扭、擺啊擺，兩手飛舞，彷彿是嗑了藥的指揮家，直舞到大汗淋漓，背脊濕透。會場沒人知道他是位傑出的社會學教授，長年在大學教書，寫過多本廣受好評的著作，他們只當他是個老瘋癲。

有一次他帶了卷探戈錄音帶，要他們播放出來，然後他充當起指導，滿場遊走忙個不停，像個拉丁大情人。等到樂聲結束，大家都鼓掌起來，而他還意猶未盡，面有得色。

但人生終有笙歌散盡的一天。

他六十幾歲開始有哮喘毛病，呼吸變得困難。一天他在查爾斯河邊走著走著，突然迎面颳來一陣刺骨寒風，頓時讓他喘不過氣來。他被緊急送到醫院，注射腎上腺素治療。

又過了幾年，他開始行動不便。有次在朋友的慶生宴上，他無緣無故就跌倒。又一天晚上，他從一家劇院台階上摔下去，把在場的人嚇壞了。有人高喊：「讓開，不要圍著！」

這時他已經高齡七十，所以人們只是悄聲說「他老了」，扶著他重新站起身來。不過墨瑞比一般人更了解自己，他知道有些事情不對勁，這不只是人老了的現象。他一直感到倦怠，覺也睡不好，還夢到自己死去。

他開始去看醫生，到處遍尋良醫。醫生為他驗血，為他驗尿，還從肛門穿入直腸鏡檢查，但什麼毛病都找不到。最後一位醫生為他做了肌肉組織切片生化檢驗，從墨瑞小腿背取了一小片檢體。檢驗結果認為是神經傳導方面的問題，墨瑞於是又接受了一連串的檢驗。有一項檢驗要他坐在一張特製的椅子上，對他施以電擊（有點像在坐電椅），記錄他的神經系統反應。

醫生看了檢驗結果後說：「我們要做進一步檢查。」

墨瑞問：「為什麼？是怎麼回事？」

「我們還不確定。你的時間比較慢。」

他的時間比較慢？這是什麼意思？

最後，在一九九四年八月一個炎熱悶濕的日子，墨瑞和太太夏綠蒂前往一位神經學醫生的診所，醫生要他們先坐下來，才告訴他們壞消息：墨瑞得了肌萎縮性脊髓側索硬化症（amyotrophic lateral sclerosis，簡稱ＡＬＳ），又稱路格瑞氏症（Lou Gehrig's disease），這是一種可怕無情的神經系統重症，沒有方法可以醫治。

墨瑞問：「我為什麼會得這種病？」

沒有人知道。

「病已經到末期了嗎？」

是的。

「那麼我快死了？」

醫生說，很遺憾，是的。

醫生和墨瑞及夏綠蒂坐著談了將近兩個小時，耐心回答他們各種問題。他們要離開時，醫生給了他們有關ALS的一些資料，幾本小冊子，彷彿他們是要開個銀行帳戶似的。走出外面，陽光燦爛，眾人忙著自己的事，有個女人慌張跑到停車錶前投幣，另一個女人提著大包小包的採購雜貨。夏綠蒂腦海中翻攪著千千萬萬個思緒：**我們還剩多少時間？我們要怎麼面對？我們要怎麼負擔醫藥費？**

在這同時，我的老師感到驚異不解：四周為何一切如常？**世界不是應該停下來嗎？他**

們不曉得我發生了什麼事嗎？

然而世界沒有停下來，世界根本理也不理，而當墨瑞虛弱地拉開車門落座，他感覺彷彿陷入無底洞中。

他想著：**這下怎麼辦？**

我老師苦思答案的期間，病魔一天又一天、一星期接一星期的襲上身來。一天早上，他從車庫倒車出來，結果幾乎使不出力氣來踩煞車。從此他再也不能開車。

他老是跌倒，因此買了根枴杖。從此他再也不能自由走動。

他照老習慣到ＹＭＣＡ去游泳，但發現他再也無法自己換衣服。他因此請了第一個家庭看護，名叫東尼的一個神學生，幫忙扶他進出游泳池，穿脫泳衣。在更衣室裡面，別人裝作沒在看他，但都還是看著。從此他再也沒有隱私權。

一九九四年秋，墨瑞來到丘陵起伏的布蘭迪斯校園，教他最後一門大學課程。他當然可以不教這門課，校方會諒解，何必在這麼多學生面前受這個苦？待在家裡吧，打理自己的事。但墨瑞從沒想到要辭去教職。

墨瑞蹣跚走進教室，這是他棲身三十多年的家。他拄著枴杖，花了一會兒工夫才走到椅子前面。他好不容易坐了下來，把眼鏡從鼻梁上拿下來，望著那一張張瞪著他看的年輕面孔。

「朋友們，我想你們都是來上社會心理學的課。這門課我教了二十年，而這是我第一次要說，上這堂課有個風險，因為我得了會致命的病。我可能無法教到學期結束。

「如果你們覺得不妥的話，可以放棄選修，我會了解。」

他露出微笑。

從此他再也沒有祕密可言。

ＡＬＳ就像蠟燭一樣，它把你的神經熔化掉，剩下你的身體像一攤蠟。這種病常從腿部開始發作，逐漸向上蔓延。你會無法控制大腿肌肉，所以你再也無法站立。你會無法控制軀幹肌肉，所以你再也無法坐直。到了最後你如果還活著，你要在喉嚨上穿孔，靠一根管子呼吸，而你的神智完全清醒，被禁閉在軟趴趴的臭皮囊中，也許還可以眨個眼皮或是嗒舌作響，就像科幻電影裡面的情節，整個人困陷在自己的肉體中。從得病到這個階段，只要短短五年時間。

墨瑞的醫生說，他人概還有兩年可活。

墨瑞自己知道剩不到兩年。

但我的老師做了一個重大的決定，他那天從診所出來，得知自己的性命危如累卵之後，就開始醞釀這個決定。他問自己：**我是要日漸委靡不振，或是要善加利用剩下的時間？**

他不願就此凋零萎謝，他不要為了自己離死不遠而羞於見人。

他要另闢蹊徑，以死亡作為他生命最後的計畫，他所剩歲月的重心所在。既然人終不免一死，他可是很有價值的，不是嗎？他可以研究死亡，當它是一本活教材。**研究我的緩**

慢步向死亡，觀察我身上發生的事，和我一道學習。

墨瑞要走過生與死之間的最後一道橋梁，並留下此行的記述。

秋季學期很快過去了。他所服的藥愈來愈多，醫療成為家常便飯。護士來家中幫墨瑞運動他日漸萎縮的腿部，讓肌肉有活動，把他的腿前後彎曲伸展，就像用幫浦打水一樣。按摩師每星期來一次，因為他一直覺得肌肉沈重僵硬不堪，按摩一下有助紓解。他跟靜坐老師學習，閉上眼睛、專注凝神，直到整個世界只剩下呼吸，吸氣、呼氣，吸氣、呼氣。

一天他拄著枴杖，從家裡走上人行道，結果當街摔倒，從此枴杖換成手扶助行架。他的身體日益衰弱，上廁所都變得太累，因此墨瑞開始使用便壺。他小便時必須用手撐著身體，所以得要別人拿著便壺才行。

多數人都會對此感到尷尬，特別是像墨瑞這麼年高德劭的人，但墨瑞並不像多數人。他一些同事好友來訪時，他會問：「聽著，我得要小便，你不介意幫忙吧？你這樣做沒問題嗎？」

他們通常都會樂於伸出援手，連他們自己也感到驚訝。

事實上呢，他的訪客愈來愈多，讓他應接不暇。他主持若干討論死亡的小組，大家一起探討死亡的真正意義，談著世人總是害怕死亡，卻不見得了解其意涵。他對朋友說，他們若真的想幫他，就不應該同情他，而是多多來訪、多打電話，和他討論他們的問題，就和過去大家相處一樣，因為墨瑞一向是很好的聆聽者。

墨瑞雖然受到病魔折騰，他的聲音仍然有力而富於磁性，而他的腦中更有千萬個思緒躍動翻騰。他要證明，垂死的人並不一定是無用之人。

新的一年來了又去。墨瑞雖然沒有跟別人講，但自己知道這是他生命的最後一年。他現在已經必須坐輪椅，他爭取著時間，要把自己心裡的話，講給他所愛的每個人聽。布蘭迪斯大學一個同事突然心臟病發去世，墨瑞參加了他的葬禮，回到家來很沮喪。

「多麼可惜啊，」他說：「這麼多人說了這麼多好聽的話，歐文自己卻聽不到。」

墨瑞不甘遭受同樣命運。他到處打電話，跟人約時間。一個寒冷的星期天午後，他家中聚集了一小群朋友及家人，舉行一場「生之葬禮」。每個人都說了些話，對我的老教授致上敬意，有人哭，有人笑，還有位女士朗誦了一首詩：

我親愛深情的好友
你長生的心
在時間長流中添增年輪
溫柔的水杉……

墨瑞和他們一同哭笑。我們平時從不會對所愛的人講的衷心話語，墨瑞在這一天都傾心剖白。他的「生之葬禮」可說大獲成功。

只是墨瑞還沒死。

事實上，他生命中最不尋常的一段經歷，現在才要開始。

有關學生

這個時候，我應該說明一下，在那個夏日午後，我擁抱了我親愛而睿智的老教授，並且答應要保持聯絡之後，發生了些什麼事。

我並沒有和他保持聯絡。

事實上，我和大學認識的大多數人都失去了聯絡，包括我那群喝酒的朋友，以及第一個和我同床共枕的女孩在內。畢業後的幾年歷練，讓我變得世故老氣，完全不復當年我離開校園、前往紐約大都會，一心想以一己所學貢獻世人時的意氣風發。

我發現世人對我並不是很感興趣。二十出頭的我到處飄泊，租房子找分類廣告，一心不解自己為什麼會四處碰壁。我的夢想是成為著名的音樂家（我彈鋼琴），但我在昏暗空邊的酒吧混跡好幾年。許多機會無疾而終，樂團分分合合，製作人似乎忙著發掘新星，但就是沒有想到我，我的夢想終而變了顏色。我生平頭一遭嘗到失敗的滋味。

在此同時，我也第一次和死亡交鋒。我最喜歡的一個舅舅，以四十四歲英年死於胰臟癌。當年他教我學音樂、教我開車、教我打美式足球，揶揄我和女孩子的交往。他是我孩提時代學習的楷模，我心裡總想著：「我長大以後要像舅舅一樣。」他是個矮小但英俊的人，唇上留著濃密的髭鬚。他生命最後一年我都在他身邊，住在同棟公寓的樓下。我看著他原本健壯的身體日益衰弱，接著變得浮腫。我看著他夜復一夜飽受病魔折磨，在飯桌上痛得整個人彎下去，兩手緊抱腹部，眼睛緊閉，嘴巴因痛苦而扭曲變形。「啊，上帝，」他痛苦呻吟著：「啊，耶穌！」我、舅媽，以及他們的兩個小兒子，只能無言兀立，默默洗著碗盤，眼睛望向別處。

這是我生命中最感無助的時刻。

五月的一個晚上，我舅舅和我坐在他公寓的陽台上，晚風習習，溫暖宜人。他眼睛望向夜空，強咬著牙跟我說，他看不到自己的孩子讀下個學年了，問我能不能幫忙照顧他們。我求他不要講這種話，他只是悲傷地望著我。

幾個星期後他過世了。

喪禮過後，我的生命改變了。我突然覺得時間變得很珍貴，就像流水去而不返，一刻也不容錯失。我不再去人沒坐滿的酒吧演奏音樂，也不再躲在房間寫那些沒人想聽的歌。我回學校念書，修了一個新聞碩士，人家給我的第一個工作我就接了，成為一個體育記者。如今我不再追求自己成名，而是報導那些名運動員如何功成名就。我為幾家報社做事，還為雜誌社寫稿，我沒命似的埋首工作，日以繼夜，全心投入。我早上醒來刷牙，然後就坐到打字機前，身上穿的仍是前一晚入睡也沒換的衣服。我舅舅在一家公司做事，他對日復一日重複沈悶的工作痛恨不已，我下定決心不要變得跟他一樣。

我到處尋求機會，從紐約跳槽到佛羅里達，最後終於在底特律定下來，成為《底特律自由報》（*Detroit Free Press*）的體育專欄作家。底特律對運動的狂熱可說無休無止，擁有職業的美式足球隊、籃球隊、棒球隊及曲棍球隊，我正可以一展抱負。短短幾年間，我不僅主持一個體育專欄，還寫書、上電台、固定出現在電視上，針對身價千萬的美式足球員及假仁假義的大學運動員養成計畫大發議論。於今席捲全美的新聞媒體狂潮，我也有推波助瀾之功；我炙手可熱。

我開始置產，不再是無殼蝸牛。我買了山坡上一幢房子，車子換了一輛又一輛。我投資股票，有自己的投資組合。我像是用高速檔行駛，不管做什麼，我都是快馬加鞭，剋期完成。我狂熱投入運動健身，開起車來風馳電掣。我賺錢多到自己數不完。我遇到一個名叫潔寧的深色頭髮女孩，雖然我忙得不可開交、跟她聚少離多，她還是愛著我。我們交往七年後結了婚，而婚禮後一個禮拜，我就回到工作崗位。我跟她說也跟自己說，我們有朝一日會生兒育女。這是她衷心深盼的事，但這一天遲遲未來。

我用成就來滿足自己，因為成功讓我覺得可以主宰事物，讓我可以榨取到最後一絲的快樂享受，直到我老病交加而死，就像我舅舅一樣，我認為自己終究也難逃這一關。

那麼墨瑞呢？我偶爾也會想到他，想到他教我的「做人本分」及「與人溝通」，但這總是顯得遙不可及，彷彿是下輩子的事。這些年來，我只要一看到布蘭迪斯大學來的信件，就隨手一丟，以為又是校方來請求捐款了。因此我並不知道墨瑞生病的事，而可以告訴我消息的人，早被我淡忘了；他們的電話號碼，大概深埋在閣樓不知哪個雜物箱裡面。

事情本可能一成不變這樣下去，要不是我一天深夜亂轉著電視頻道，有個節目突然讓我豎起了耳朵……

第一次電視節目．重逢

一九九五年三月，美國廣播公司（ＡＢＣ）《夜線》（*Nightline*）節目的主持人泰德．卡柏（Ted Koppel），乘著長型禮車前往麻州西紐頓，在墨瑞家外面覆滿白雪的街道停了下來。

這時墨瑞已只能靠輪椅活動，要有人幫忙，把他像個沙袋一樣從輪椅上面搬到床上，或是從床上搬到輪椅上。他吃東西會咳個不停，咀嚼也變得很吃力。他的腿已經廢了，再也無法走路。

然而墨瑞不要自己就此消沈。事實上，他反倒迸發出許多閃亮的想法。他把所思所想寫在筆記簿、信封、傳單、紙片上，言簡意賅地傳達他在死亡陰影下存在的哲學：「如實接受你做得到的事和你做不到的事」、「過去就是過去，接受它，不否認也不揚棄」、「學著寬恕自己、寬恕別人」、「與人為善永不嫌遲」。

過了一陣子，他這些「懿言佳句」累積了五十幾則，而他拿來和朋友分享。他在布蘭迪斯大學的一個教授朋友莫瑞・史坦（Maurie Stein）覺得這些東西很好，就將它們寄給《波士頓地球報》（*The Boston Globe*）的一個記者，這記者為墨瑞寫了長長一篇專題報導，標題是：

教授的最後一門課：他自己的死亡

這篇報導引起《夜線》節目一個製作人的注意，他把報紙帶到華府給卡柏看。

這製作人說：「讀讀這篇報導。」

接下來的事你已經知道了，攝影師來到墨瑞的客廳，卡柏的轎車停在他門口。

墨瑞幾個朋友及家人在等著卡柏，當這位名人走進屋子，他們都掩不住興奮。只有墨瑞例外。他自己搖輪椅迎上前去，眉毛揚起，用他高亢而抑揚有致的聲音打斷了這片嘈雜。

「泰德，我得先和你談談，再看我是不是同意接受訪問。」

四周頓時一片難堪的靜默，接著大家把這兩人請進書房去，把門關上。

墨瑞的一名友人低聲說：「這下可好，我希望泰德別對墨瑞太苛。」

另一名友人說：「我希望墨瑞別對泰德太苛。」

在書房裡面，墨瑞示意要卡柏坐下，然後兩手相交放在膝上，微微一笑。

墨瑞開口了：「告訴我一些你深心珍惜的事情。」

「深心珍惜？」卡柏端詳著這老人家，然後小心地說：「好吧。」就談起了他的孩子。孩子是他深心珍惜的，沒錯吧？

「很好。」墨瑞說：「現在談談你的信仰。」

卡柏有點不太自在。他說：「一般我不會和認識沒幾分鐘的人談這種事。」

「泰德，我快死了，」墨瑞從眼鏡上方盯著他看。「我可沒有太多時間。」

卡柏笑了。好吧，信仰。他引述了古羅馬哲人皇帝馬可・奧勒利烏斯（Marcus

Aurelius）的一段名言，這名言他一直深以為然。

墨瑞點點頭。

「現在換我問你一件事，」卡柏說：「你有沒有看過我的節目？」

墨瑞聳了聳肩。「我想，兩次吧。」

「兩次？只有兩次？」

「不要介意，我連歐普拉（Oprah）的節目都只看過一次。」

「那麼，你看過我兩次節目，你覺得如何呢？」

墨瑞頓了一頓，「要我說實話？」

「當然。」

「我覺得你是自戀狂。」

卡柏大笑起來。

「我太醜了，不夠格當自戀狂。」他說。

不久後，攝影機開始在客廳火爐前運轉起來，卡柏穿著他光鮮的藍色西裝行頭，墨瑞則穿著舊舊的灰毛衣。他不肯為了訪問穿上好看衣服或是化妝，因為依他秉持的哲學，死亡並不是什麼丟臉的事，他不打算在死亡的鼻頭搽粉。

墨瑞坐著輪椅，所以攝影機並沒有拍到他萎縮的雙腿。由於他的雙手仍能活動，他說起話來又一向是兩手揮動個不停，因此當他在鏡頭前闡釋如何面對生命的終點時，顯得熱情洋溢。

「泰德，」他說：「當這一切開始的時候，我自問：『我是要和大多數人一樣，從這個世界退出，或者是要好好地活？』我決定我要好好活著，至少要嘗試著好好地活，照我想要的方式，帶著尊嚴，帶著勇氣，帶著幽默，帶著冷靜。

「有時候我早上醒來會哭個不停，為自己而傷心。有些早上，我則是既憤怒又不甘心。但這種情況不會很久，我會起身，說：『我要活下去。』

「到目前為止，我都做到了。我有辦法繼續嗎？我不知道，但我賭我自己辦得到。」

卡柏似乎深深為墨瑞所吸引。他問道，死亡如何使人懂得謙卑。

「這個嘛，弗瑞德，」墨瑞脫口回答，然後馬上改正過來：「我是說泰德……」

卡柏笑著說：「這才是讓我懂得謙卑。」

兩人談到了來生，又談到墨瑞如何愈來愈依賴他人過活。他這時不論吃東西、坐起身子，或從一個地方移到另一個地方，都需要幫手才行。卡柏問墨瑞，像這樣緩慢步向終點，他最害怕的是什麼事。

墨瑞頓了一頓，然後問，他能在電視上講出來嗎？

卡柏說，直說無妨。

墨瑞和這位美國最著名的訪談記者四目相對，說：「這個嘛，泰德，就是很快會有一天，我得要別人幫我擦屁股。」

節目在一個星期五晚上播出。一開始是泰德・卡柏坐在華府的主播檯後面，他的聲音充滿權威感。

「墨瑞・史瓦茲是誰？」他說：「為什麼到節目結束時，許多觀眾將會關心起他的命運？」

遠在千里之外，在我山丘上的家中，我漫不經心轉著頻道，突然聽到電視傳來這句話：「墨瑞・史瓦茲是誰？」整個人當場僵住了。

一九七六年春，我第一次上他的課。我走進墨瑞的大辦公室，看到牆上一排排書架上的書，多得似乎不可勝數，其中包括了社會學、哲學、宗教、心理學的書籍。硬木地板上鋪著一大塊地毯，窗戶望出去是校園的步道。辦公室內只有十來個學生，他們翻弄著筆記本及課程表，大多數人都穿著牛仔褲、大地鞋（earth shoes，譯註：一種舒適的方頭鞋），以及格子花紋的法蘭絨襯衫。我心裡想，班級這麼小就不容易蹺課，也許不該選這門課才對。

墨瑞拿著選修名單，點到我的名字：「米契爾？」

我舉起手來。

「叫你米奇好嗎？還是你喜歡人家叫你米契爾？」

過去從沒有老師問我這樣的問題，因此我又打量了這傢伙一番。他穿著黃色套頭毛衣、綠色燈芯絨褲，銀色頭髮覆蓋他的前額，笑意盈盈。

我回答說，米奇，我朋友都叫我米奇。

「那麼，就叫你米奇嘍。」墨瑞說，像是和我一言為定。「還有，米奇？」

什麼事？

「我希望有一天你會把我當作你的朋友。」

新生訓練

我開著租來的車，轉進西紐頓墨瑞所住的街上，這是波士頓城外一處寧靜的郊區。我一手拿杯咖啡，用肩膀把行動電話頂在耳邊，和一個電視製作人談著我們進行的一個節目。我眼睛瞄著車上的數字鐘，因為我的回程飛機預定幾個小時後就要起飛。一會兒我又忙不迭地將視線移到綠蔭夾道的路邊，辨識郵筒上的門牌號碼。我讓廣播開著，收聽新聞網。我總是像這樣做事，手頭有五件事同時進行。

我跟製作人說：「倒帶，這部分我再聽一遍。」

他說：「好，你等一下。」

突然我已經來到目的地。我踩下煞車，咖啡濺到膝上。車子停穩後，我看到一棵很大的日本楓樹，門口三個人坐在離樹不遠處。一個年輕男子和一名中年婦人，兩人中間，是一個坐在輪椅上的瘦小老人。

墨瑞。

一看到我的老教授，我就僵住了。

「哈囉？」製作人的聲音在我耳邊響起：「你聽得到嗎？」

我十六年沒見到他了。他的頭髮變得更少，幾乎已經全白，臉孔也瘦削憔悴。我突然覺得自己還沒準備好和他重聚（別的不說，我電話都還沒講完），因此希望他沒有注意到我的到來，好讓我在附近多轉幾圈，談完公事，並做好心理準備。但是墨瑞正微笑看著我的車，兩手交疊放在膝上，等著車上的人下來。這個人我曾經如此熟悉，如今卻羸弱枯瘦如斯。

「喂？」製作人聲音又響起：「你聽得到嗎？」

我們一起共度那麼多時光，墨瑞對我這年少氣盛的人，曾經如許耐心地呵護調教，照理說我應該馬上掛掉電話，縱身跳下車，衝上前去抱住他，吻他額頭打招呼才對。

然而我關掉引擎，在座位上放低身子，假裝在找東西。

「聽到聽到。」我低聲說，繼續和製作人對話，直到事情搞定。

我做的是我現在最拿手的事：處理自己的工作。就算我垂垂將死的老師在他家草坪上等著我，我仍然在工作。這不是值得誇口的事，但我的確這麼做了。

五分鐘後，墨瑞已經擁抱著我，他日漸稀疏的頭髮擦著我的面頰。我告訴他我在找鑰匙，所以才在車上多待了幾分鐘，說著我更用力抱了抱他，彷彿這樣就能壓下我的小小謊言。春日陽光暖洋洋的，但他仍穿件厚運動夾克，腿部也用毛氈覆蓋著。他身上有股微酸臭味，是生病吃藥的人常有的那種味道。他的臉靠我的腮幫子很近，我可以在耳際聽到他略顯粗濁的呼吸聲。

「我的老朋友，」他低聲說：「你終於回來了。」

他身子前後搖晃起來，抱著我不放，我彎腰貼近他時，他抓著我手肘。他這樣的熱情使我受寵若驚，到底我們隔了這麼久沒見。不過我呢，早在過去和現在之間築起一道道石牆，早就忘記我們曾經多麼親近。我想起畢業典禮當天，想起那只手提箱，想起他含淚目送我離去，不由得嚥了嚥口水，因為我內心知道，我不再是他記憶中那個善良而有天分的好學生。

我只希望，在接下來的幾個小時裡，我可以瞞過他。

進了屋子之後，我們坐在一張核桃木的餐桌前，一旁的窗戶看出去是鄰居的房子。墨瑞在輪椅上東挪西移，想要坐得舒服些。他和過去一樣，要看我吃些東西，我說好啊。一個名叫康妮的健碩義大利婦人，為我們切了麵包及番茄，並端來雞肉沙拉、鷹嘴豆泥和塔布勒沙拉。

她也拿來幾顆藥丸。墨瑞望著藥丸，歎了口氣。他的眼眶比我記憶中的更加凹陷，顴骨也更高了，看來憔悴蒼老得多，但笑起來仍宛如舊時，鬆垮垮的腮幫肉，也像布幕一樣向上拉起。

「米奇，」他輕聲說：「你知道我快死了。」

我知道。

「很好，那麼，」墨瑞吞下藥丸，把紙杯放下，做了個深呼吸，然後說：「要我告訴你其中滋味嗎？」

什麼滋味？死亡嗎？

「沒錯。」他說。

這時我還不曉得，我們的最後一門課，剛剛揭開序幕。

是我大一那年。墨瑞比大多數老師都老，而我比大多數學生年輕，因為我提前一年從中學畢業。為了不在校園裡顯得稚氣，我總是穿件舊舊的灰色棉線衫，在體育場裡面打沙包練拳，嘴裡叼根香菸晃來晃去，雖然我並不抽菸。我開一輛破舊的Mercury Cougar，車窗總是搖下，音樂總是響著。我耍個性來求取認同，但墨瑞的一派溫文吸引著我。由於他並不把我當作裝大人的小孩子看待，我在他面前很放鬆。

我修完他的第一門課，又選了下一門。他打分數不嚴，因為他不是很看重分數。據說在越戰期間，有一年他給了選課的所有男學生九十分，好讓他們可以繼續辦兵役緩徵。

我開始稱墨瑞為「教練」，就像我以前稱呼我中學的徑賽教練，墨瑞也喜歡我這樣叫他。

「教練，」他說：「好吧，我就當你的教練，那你就是我的選手。我現在太老了，你可以代我迎向生命中許多美好的挑戰。」

有時我們會一起在自助餐廳用餐。我很高興，墨瑞比我還邋遢。他老是顧著講話不顧著嚼，滿嘴食物還哈哈大笑。他可以一邊吃著雞蛋沙拉，一邊大談某個學派思想，蛋黃碎屑噴得到處都是。

這些事情讓我絕倒。我和他在一起這段期間，老是有兩個強烈想望，一是抱抱他，一是給他一條餐巾。

課堂

太陽透過飯廳的窗戶照進來，照亮了硬木地板，我們在這裡已經聊了快兩個小時。電話又響起，墨瑞叫幫傭的康妮接電話。她不斷幫墨瑞接電話，在他一本小記事簿中記下打電話的人是誰。朋友、教靜坐的老師、某個討論小組、某家雜誌想要他的照片。要來拜訪我老師的人，顯然不只我一個，《夜線》節目已經使他小有名氣，而我對墨瑞的這許多朋友，可以說印象深刻，甚至是有點吃味。我想到了大學時期身邊那許多「死黨」，他們都到哪去了？

「米奇，你曉得，現在我快死了，人們反而變得對我有興趣。」

你一向是有意思的人。

「呵，」墨瑞微微一笑：「你是說好話。」

不是，我才不是，我心裡想著。

「其實啊，」他說：「人們把我看作一座橋。我已經一半入了土，但也還沒有嚥氣。我有點像是……在中間。」

他咳嗽起來，然後臉上又掛著微笑。「我現在正做著最後一趟遠征，而大家要我告訴他們該打包準備些什麼。」

電話又響了。

康妮來問：「墨瑞，你能接一下嗎？」

墨瑞煞有介事地回答：「我在和老朋友話舊，叫他們晚點再打。」

我實在不知道，他為什麼這麼熱情款待我，我已經不是十六年前他所教的那個前程遠大的好學生。要不是《夜線》節目，墨瑞很可能至死也無法再見到我。我沒有什麼託詞可以卸責，除了現在大家都有的那個理由：我太忙了。我已經在生活中迷失自我。

我到底怎麼了？我如此自問。墨瑞高亢而略微沙啞的聲音，把我帶回大學歲月，那時我覺得有錢人都是壞人，穿西裝打領帶像在穿囚服，如果不能一想到就動身上路——去騎摩托車，讓清風迎面吹，在巴黎兜風，朝西藏進發——如果不能這樣，生命根本不算是生命。**現在的我到底怎麼了？**

八〇年代過去，九〇年代降臨。死亡與疾病，發福與禿頭都來了。我為了更多的薪水，放棄了無數的夢想，而我甚至不曉得自己在扼殺夢想。

但在這裡，墨瑞談著我們大學時期的種種美好事物，彷彿我只是度了個長假回來。

他問我：「你有沒有找到一個可以分享心事的人？

「你對自己問心無愧嗎？

「你有沒有努力做個最好的人？」

我囁嚅不安，努力想要表現給他看，說我內心深處一直在追尋這些問題的答案。**我到底怎麼了？**我一度發誓，絕不要為了錢而工作，誓言要加入和平工作團，說要尋幽攬勝，縱情於山水之間。

但我沒有這麼做，反而在底特律一住十年，待在同一棟辦公大樓，上同一家銀行，找同一個理髮師。我今年三十七歲，比我大學時期能幹得多，整天離不開電腦、數據機及行動電話。我撰文描述有錢的運動員，但他們對我這樣的人大都不屑一顧。我在同儕之中已不算年輕，我也不再穿著灰色的棉線衫，嘴裡不再叼根沒點燃的香菸。我不再一邊吃著雞蛋沙拉三明治，一邊和人促膝暢談生命的意義。

我的日子填得滿滿的，但我大半時間仍然覺得不滿足。

我到底怎麼了？

「教練。」我突然衝口而出，想起了我對他這個暱稱。

墨瑞臉亮了起來。「我在這，我還是你的教練。」

他笑了起來，又開始吃起東西，這一餐他已經吃了有四十分鐘。我看著他，他手的動作小心翼翼，彷彿這是他第一次學著這樣做。他無法用力把餐刀切下去，他的手指顫抖著，而他每咬一口都是一番掙扎，還得把食物咀嚼得細細的才能吞下去，有時吃的東西從嘴裡跑出來，他只得放下手裡的東西，用餐巾擦拭嘴邊。他手腕到指關節的皮膚散布著老人斑，而且鬆垮垮的，像是雞肉湯裡帶皮的骨頭。

我們就這樣吃了一會兒東西，一個病懨懨的老人和一個健康的年輕人，兩人都默不作聲。我得說，這是令人尷尬的沈默，不過他似乎沒有這種感覺。

「米奇，」墨瑞突然說：「死亡是件悲傷的事。但活得不快樂也是悲傷。來看我的人，有許多都不快樂。」

為什麼呢？

「這個嘛，首先，我們的文化讓人們無法自知自適。我們教的東西不對。而你得要十分堅強，才有辦法拒絕這錯誤的文化，才能自己找到出路，創造自己的文化。這點多數人都辦不到，他們比我更不快樂，雖然我現在是這副德性。

「我快死了，但我身邊有著愛我、關心我的人。多少人能有這個福氣？」

我看到他毫無自憐之狀，可說驚異不置。墨瑞，他已經無法跳舞、游泳、洗澡或走路，他無法自己應門，無法洗完澡後擦乾自己的身子，甚至無法在床上翻身，但他為何可以這麼樂天知命？我看著他掙扎著使用叉子，想要叉起一片番茄，還失敗了兩次，看了實在令人不忍，但我無法否認，坐在他身邊讓人有種跡近神奇的平靜感，就像大學時代吹拂著那種讓我心曠神怡的微風。

我偷瞄了一眼手錶（習慣使然），時候已經不早了，我有點想改換班機，晚點飛回去。這時墨瑞做了一件事，讓我至今難忘。

「你曉得我會怎麼死嗎？」

我揚起了眉毛。

「我會窒息而死。沒錯。我的肺，我有哮喘，禁不住這種病的折磨。這個ＡＬＳ，從我的身體由下而上進來，我的腳已經淪陷了，很快它就會到達我的雙手及手臂，而當它攻到我的肺部……」

他聳了聳肩。

「……我就完了。」

我不曉得該說什麼，只好支吾其詞：「這個，你也曉得，我是說……事情很難說。」

墨瑞閉上眼睛。「米奇，我心知肚明。你不要害怕我的死亡。我這輩子過得不錯，我們都曉得遲早會有這一天。我也許還剩四或五個月。」

別這樣講，我不安地說。沒有人敢說——

「我敢，」他柔聲說：「甚至有個小小的實驗方式。有個醫生告訴我的。」

實驗？

「你深呼吸幾次。」

我照做了。

「現在再吸口氣，但這次吐氣的時候，從一開始數，看你到吸氣前可以數多少。」

我一邊吐氣，一邊很快數著數字。「一二三四五六七八九……」我撐不住時，數到了七十。

「很好，」墨瑞說：「你的肺很健康，現在看我做。」

他深吸一口氣，然後用輕微顫抖的聲音開始數：「一、二、三、四、五、六、七、八、九、十、十一、十二、十三、十四、十五、十六、十七、十八——」

他停住了，上氣不接下氣。

「醫生一開始教我這樣做時，我可以數到二十三。現在只剩十八。」

他閉上眼睛，搖了搖頭。「我的肺活量快沒有了。」

我拍拍大腿，有點不安。一個下午這樣夠了。

我擁著他道別時，他說：「要回來看你的老教授。」

我答應我會回來，但試著不去想起我上次也這樣答應他。

我在校園裡的書店選購墨瑞開的書單上的書。我買了好些過去聞所未聞的書，像是《年輕：認同與危機》（*Youth: Identity and Crisis*）、《我和您》（*I and Thou*）、《分立的自我》（*The Divided Self*）等。

讀大學前，我不曉得人際關係的研究可以算是一門學問；不認識墨瑞前，我不相信這一套。

然而他對書本的熱情貨真價實，而且富於感染力。我們開始在下課後嚴肅地交談，教室裡只剩我們兩人。他問我一些生活上的事，然後引用若干艾利希．佛洛姆（Erich Fromm）、馬丁．布貝爾（Martin Buber）、艾利克．艾利克森（Erik Erikson）的話。他總是奉他們的話為南針，不時加上自己的意見為註腳，不難看出他和這些賢哲是英雄所見略同。在這些時候，我才會想到他不是我的叔叔舅舅，而是一個教授。一天下午，我向他訴說我這個年紀的人常有的迷惑——關於別人對我的期望和我自己意願之間的衝突。

「我跟你提過對立面的衝突嗎？」

對立面的衝突？

「生命是一連串的來回拉鋸。你想做某件事，但被迫做別的事。某件事傷害到你，而你知道這不應該。你把某件事視為理所當然，但你深知沒有什麼理所當然的事。

「對立面的衝突，就像拉長的橡皮筋，而我們大多數人都活在這其中。」

我說，聽來像是摔角比賽。

「摔角比賽。」他笑起來：「對，你可以這麼形容生命。」

我問，那麼是哪邊得勝呢？

「哪邊得勝？」

他對著我微笑，眼眶布滿皺紋，牙齒向內曲。

「愛會得勝。愛一向都會得勝。」

開學

幾星期後我飛到倫敦，前去採訪溫布敦網球賽。這是世界最頂尖的網球比賽，也是我所知的球賽中，少數不會有觀眾噓聲怪叫，停車場也沒有醉醺醺球迷的比賽之一。英格蘭的天氣溫和多雲，每天早上我在球場附近的林蔭街頭散步，經過那些排隊買剩餘門票的年輕人，街頭小販賣著草莓及乳酪。球場門口有個報攤，賣著六、七種多采多姿的英國小報，其賣點不外是上空女郎照、狗仔隊拍的皇室成員照片、星相、運動、彩券，加上一點實際新聞。報攤的一張小黑板斜靠著一堆堆的報紙擺著，上面寫著各報的頭條，這些頭條一般不外是「黛安娜和查爾斯不和！」或「金牌到手，財源滾滾」之類的。

人們對這些小報如飢似渴，各種八卦新聞照收不誤，我前幾次來英國，也不能免俗。

但這次不知為何，我不管讀到什麼愚蠢或沒腦筋的東西，都會想到墨瑞。我腦海中一直浮現一個場景：他在他有日本楓樹及硬木地板的家中，數著呼吸，爭取每分每秒和他心愛的家人朋友度過，而我卻花無數個小時，讀著對我自己毫無意義的東西：電影明星、超級名模，或是黛妃、瑪丹娜、小約翰．甘迺迪的最新小道消息。奇怪得很，我雖然歎惋著墨瑞所剩不多的生命，卻又羨慕他的時間品質。我們為什麼花那麼多時間去理那些不相干的事？當時在美國，辛普森殺害前妻疑案的審判正炒得火熱，有些人吃中飯的時間全盯著電視看，看不完的還錄下來等晚上看。他們根本不認得辛普森本人，不認得跟案件有關的任何人，但他們對別人的人生戲碼樂此不疲，將自己好幾天、甚至好幾個月的時間花在上面。

我想起墨瑞對我講的話：「**我們的文化讓人無法自知自適。你得要十分堅強，才有辦法拒絕這錯誤的文化。**」

墨瑞說到做到，早在生病之前，他就有自己的生活文化：討論小組、和朋友散步、在哈佛廣場教堂一人獨舞。他推動一個「溫室」計畫，讓貧寒家庭也能得到心理健康服務。他遍覽群籍，為他教的課注入新理念，和同事時相往來酬答，和以前的學生聯絡，寫信給遠方的朋友。他寧可花時間吃東西及欣賞大自然，也不浪費時間看電視喜劇或「本周精選電影」。他建立起人際活動的小天地，談心、交往、關懷，這些活動讓他的生活盈滿。

我也有自己的生活文化。工作。我在英國同時為四、五個媒體做事，像個小丑一樣玩空中丟接。我每天要在電腦前坐八個小時，把寫好的報導傳送回美國。我還為電視做節目，和一組人員跑遍倫敦各地。我每天早上和下午，還為電台做電話報導。這對我算是正常的工作量。好些年來，我和工作須臾不離，其他的一切都放到兩旁。

在溫布敦，我總是在我的小型木質工作間內草草填飽肚子，對此習以為常。一次有一大群記者追趕著阿格西（Andre Agassi）和他的名女友布魯克・雪德絲（Brooke Shields），我被一個英國攝影記者撞倒，他丟下一聲「抱歉」，就像風一樣過去了，脖子上掛著他長長的相機鏡頭。我想到墨瑞說的另一段話：「**太多人像是行屍走肉，就算他們做著自己認為重要的事情，也似乎是半睡半醒，這是因為他們追逐的目標不對。生命若要有意義，就要投入去愛別人，投入去關懷你周遭的人，投入去創造一些讓你活得有目的、有意義的事情。**」

我心裡知道他說得對。

但我並沒有投入。

等到比賽結束（我靠著一杯又一杯的咖啡撐了過來），我關上電腦，收拾離開工作間，回到寓所整理行囊。時間很晚了，電視節目個個乏善可陳。

我飛回底特律，傍晚時分才抵達，我拖著疲憊的身軀，回家倒頭就睡。醒來後我得知一個意外的消息：我報社的工會展開罷工，整個報社都關閉了，大樓入口有員工站崗監控，並在街頭來回發起遊行。我是工會的一員，因此別無選擇。我就這樣有生以來第一次，突然沒了工作、沒了薪水，還和我的僱主對上陣。工會領袖打電話到我家，警告我別和任何一位上司主管聯絡。我和許多編務主管都是朋友，但工會要我掛他們的電話，別聽他們的說詞。

工會領袖們矢言：「奮戰到底，必得勝利！」聽來像是軍人在打仗。

我覺得措手不及，又愴然若失。雖然有電視或電台的差事可以替代，但報紙一向是我的動力來源、我的氧氣供應；每天早上翻開報紙，看到自己的稿子印成文字，我才有篤定的感覺，至少知道自己還活著。

如今這個安慰沒有了。隨著罷工持續下去，第一天、第二天、第三天，電話交談開始透露出不安，還有傳言說事情可能拖上好幾個月。我的舊有生活全都打亂了。各項運動競賽每晚仍然繼續，我本來都會去採訪，但現在我只能待在家中，看電視轉播。我一向以為，讀者需要每天讀我的運動專欄，如今少了我，世界一切如常，這讓我很不適應。

這樣過了大約一星期，我拿起電話，撥通了墨瑞的號碼。康妮叫他來聽電話。

他說：「你要來看我。」他不是提問，而是陳述。

好吧，什麼時候方便去看他？

「星期二如何？」

我說，星期二好，星期二可以。

我大二那年，又修了兩門他的課。我們已不僅是課堂上的師生關係，三不五時就會碰個面，找地方聊聊。除了親人之外，我以前沒跟別的大人這樣往來過，但我覺得跟墨瑞在一起很自在，他也似乎不吝於撥時間給我。

我走進他辦公室時，他會快活地問：「我們今天上哪去？」

春閒時分，我們就坐在社會學院外面的樹下，冬寒刺骨的時候，則坐在他書桌旁，我穿著灰色的棉線衫和愛迪達球鞋，墨瑞則穿著Rockport鞋和燈芯籠褲。每次我們聊天，他先靜聽我的一肚子話，然後試著講他自己的人生經驗。他提醒我，錢不是最重要的東西，這和校園裡大多數人想的不一樣。他說，我得要做一個「完整的人」。他談到年輕人的疏離，談到我們必須和周遭的社會產生「聯繫」。他說的事情我有的懂，有的不懂，但這沒關係。這些討論是我和他談心的藉口，我和我爸爸無法這樣談心，因為父親要我當律師。

墨瑞討厭律師。

他問：「你大學畢業後想做什麼？」

我說，我想當音樂家，彈鋼琴。

「很好，」他說：「只是這樣日子不好過。」

是啊。

「會有很多障礙。」

多謝賜教。

「不過呢，」他說：「如果你真的想要，就會讓自己的夢想實現。」

我很想擁抱他，謝謝他這樣說，但我沒那麼放得開，因此我只是點了點頭。

他說：「我敢說你彈鋼琴很帶勁兒。」

我笑了起來。帶勁兒？

他對我回笑。「帶勁兒。怎麼啦？現在沒這種講法了嗎？」

第1個星期二

我們談這個世界

康妮開了門，讓我進去。墨瑞坐著輪椅在餐桌旁，穿一件寬鬆的棉衫，以及一件更寬鬆的運動長褲。褲子之所以鬆垮垮的，是因為他的腿已經萎縮得不成形，他的大腿粗細已不到兩手掌合圍。他若還能站立，大約也只有一百五十幾公分高，小學六年級生的牛仔褲大概都可以穿得下。

我對他說：「我給你帶來些吃的。」說著把手上的棕色紙袋舉起。我從機場來的途中，路過附近一家超級市場，買了些火雞肉、馬鈴薯沙拉、通心粉沙拉及貝果。我知道他家裡有吃的，但我想要有點貢獻，我記得他喜歡吃東西。其他我能為墨瑞做的實在不多。

「啊，這麼多吃的！」他像唱歌一樣說道：「很好，現在你得和我一起吃。」

餐桌四周擺著幾張藤椅，我拉了一張坐下。這次我們不必再花時間講這十六年來的種種遭遇，很快就像過去在大學時一樣無所不談。墨瑞問一些問題，靜聽我的回答，時而像個廚師一般，在一旁加進一些我忘記或沒想到的事情。他問起報社的罷工，而他還是學者本色，搞不懂勞資雙方為何不能好好溝通，把問題解決。我跟他說，不是每個人都像他一樣，一點即通。

有幾次他得停下來去上廁所，這會花上他一些時間。康妮將他推到浴室，扶他從輪椅上起來，一手撐著他，一手為他提尿壺。他每次回來，都顯得疲倦。

他說：「你還記得我跟泰德．卡柏說，很快我就得靠別人來幫我擦屁股？」

我笑了起來。那種時刻是不容易忘的。

「這個嘛，我想這一天就要來了。這件事讓我坐立難安。」

為什麼呢？

「因為要人為你擦屁股，這是倚賴別人的最終徵兆。不過我在努力，我試著要享受這個過程。」

享受？

「對。到頭來，我又變成一個小寶寶了。」

這種看法還滿獨特的。

「我呢，現在不得不用獨特的觀點看生命。你看，我無法上街購物，無法管理銀行帳戶，無法出去倒垃圾。不過我可以坐在這裡，數著不多的日子，思索著我認為生命中重要的東西。我有時間，也有理由這麼做。」

我說，這麼說，要發掘生命的意義，就是不再出去倒垃圾嘍？我衝口而出的這句話，有點嘲諷的意味。他笑了起來，我才暗暗鬆了口氣。

康妮把碗盤收走，這時我注意到一疊報紙，顯然在我到來之前有人翻過。

我問，你還花時間看新聞？

「是的。」墨瑞說：「你覺得這奇怪嗎？你以為我快死了，就不應該注意世界大事了？」

也許吧。

他歎了口氣。「也許你是對的。也許我沒必要去關心。反正，事情的未來發展我是看不到了。

「不過，米奇，這很難說清楚。如今我在受折磨，比起從前，我對受苦的人更能感同身受。有一晚我在電視上看到，波士尼亞的人民在街上奔逃，槍砲隆隆，無辜的人成為犧牲品……我就哭起來了。我對他們的苦難感同身受。我和他們素不相識，可是——我該怎麼說？我幾乎是……一顆心向著他們。」

他的眼睛開始閃著淚光，我想要岔開話題，但他擦擦眼睛，手向我一揮。

「我如今老是哭，」他說：「別理我。」

真不可思議，我腦中想著。我在新聞界工作，我採訪過人死的新聞，我訪問過悲慟欲絕的家屬，我甚至參加過這些死者的葬禮，但我從不會因而掉淚。墨瑞看到半個世界以外的人受苦，竟然在哭。我想著：**這就是人生的終局嗎？**也許死亡讓所有人變得平等，讓素昧平生的人也會為彼此的命運落淚。

墨瑞大聲擤著鼻涕。「你覺得沒關係吧？看到大男人在哭？」

我急忙說，那當然——說得有點太急忙了。

他露齒而笑。「啊，米奇，我要讓你比較放得開。有一天我要讓你知道，哭沒有關係的。」

是啊，是啊，我說。

「是啊，是啊。」他說。

我們笑了起來，因為將近二十年前，他也講過同樣的話。多半是在星期二。事實上，我們通常都是在星期二見面。我上墨瑞的課，多是在星期二。星期二他在辦公室見學生，而當我寫大四論文（這從一開始就是墨瑞從旁建議），我們也是星期二碰面，在他書桌旁、自助餐廳或是在帕爾曼廳的台階上，討論論文事宜。

所以呢，我們又在星期二重聚，在他門口有著日本楓樹的家中，這可謂再恰當不過。

我準備要走前，跟墨瑞講了這件事。

他說：「我們是星期二夥伴。」

星期二夥伴，我口中跟著說。

墨瑞微微一笑。

「米奇，你剛剛問我幹嘛關心跟我毫不相識的人。要不要我跟你說，我從這場病學到最多的是什麼？」

是什麼？

「生命中最要緊的事，是學著付出愛，以及接受愛。」

他的聲音變成悄然低語。「去接受愛。我們以為自己不值得愛，我們以為若是接受了愛，會變得軟弱。不過有個叫李文（Levine）的智者說得對，他說：『愛是唯一理智的行為。』」

他頓了一頓，又仔細強調一遍：「愛是唯一理智的行為。」

我點點頭，像個乖學生。他微微呼出一口氣。我欺身過去，給了他一個擁抱。然後呢，雖然我一向不會如此，但我在他頰上親了一下。我感覺他虛弱的手按著我的手臂，他髭鬚的細細毛根擦過我的臉。

他低聲說：「那麼你下星期二會回來？」

他走進教室，坐下，一言不發。他看著我們，我們看著他。一開始有人吃吃笑，但墨瑞只是聳聳肩。最後所有人都靜了下來，連最細微的聲響也聽得到，像是教室一角暖氣機的低沈運轉，還有個胖學生呼吸的鼻腔聲。

有人開始沈不住氣，想著：他什麼時候才會開口說話？我們浮躁不安，不時看看手錶。幾個學生望向窗外，試著神遊太虛。這樣持續了整整十五分鐘，墨瑞才終於輕輕地打破了沈默。

他問：「大家覺得怎樣？」

我們逐漸加入了討論，這是墨瑞打一開始的目的。我們談的是沈默對於人際關係的作用。我們何以會對沈默感到尷尬？人聲嘈雜為何會讓人覺得比較自在？

我不會因為沈默而不自在。我和朋友在一起雖然也吵吵鬧鬧，我還是不習慣在人前談自己的感受，特別是沒法子在同學面前談。如果需要的話，我可以好幾個小時都安安靜靜坐著，只是聽課。

下課後，當我要走出教室，墨瑞叫住了我，他說：「你今天話不多。」

我不知道，我只是沒什麼特別的要講。

「我覺得你有很多可以講。米奇，事實上，你讓我想起某個我認識的人，他年輕時也喜歡把事情放在心裡。」

誰？

「我。」

第2個星期二
善用自憐自艾

我在一個星期後的星期二回去，而其後好幾個星期二，我都對造訪恩師一事心懷期盼。這聽來也許有點奇怪，因為我得飛上一千兩百公里，去陪一個垂死的老人。但當我和墨瑞在一起，我似乎回到了過去，在那裡我比較能夠喜歡自己。我從機場開車過去的時候，也不再租手機，我學著墨瑞告訴自己：讓他們等吧。

底特律的報社情況並沒有好轉，事實上愈變愈糟糕。罷工站崗的員工及資方找來的代工人員大打出手，不少人被逮捕，有人被打得鼻青眼腫，罷工員工躺在出報卡車前阻撓。

相形之下，我去拜訪墨瑞的時候，可說如沐春風，宛如受到善良人性的滋潤洗禮。我們談生命，也談愛。我們談到墨瑞最喜歡的話題之一，也就是同情心，談為何我們的社會如此欠缺同情心。我這第三次造訪他，先到一家叫作「麵包與馬戲」的超市去，因為前兩次我在墨瑞家看到這家店的袋子，我猜他應該喜歡他們的食物。我在這家店裝了好幾個保麗龍盒子的外帶熟食，像是蔬菜義大利麵、蘿蔔湯、蜜糖果仁千層酥等。

我走進墨瑞書房時，把手上的袋子高高舉起，彷彿我剛去搶了銀行。

我壓著嗓子說：「送吃的來了！」

墨瑞圓滾著眼珠子，微笑起來。

我不忘觀察他的病情是否惡化。他的手指似乎沒問題，可以拿筆寫字，也可以把眼鏡拿上拿下，但他的手臂似乎只能舉到約莫胸膛的高度。他耗在飯廳或客廳的時間愈來愈少，在書房的時間愈來愈多。他在這裡有張大躺椅，椅子上有枕頭毛氈，還有特別裁製的泡棉，讓他可以把腳放著，支撐他萎縮的雙腿。他在身旁放著一個搖鈴，當他的頭需要調整位置，或是他要上廁所，他就搖搖鈴，把康妮、東尼、貝莎或是艾美（這些人輪班做他的家庭看護）叫來。有時他要舉手搖鈴都嫌吃力，他若連這個都辦不到，就會很沮喪。

我問墨瑞，他會不會可憐自己。

「有時早上起來會。」他說：「我那時候會感到悲傷。我摸摸自己身體，動動手指手臂，動動我還能動的部位，為我失去的東西悲傷。我為我這種緩慢無情的死法悲傷，然後我就停止悲傷。」

就這麼簡單？

「如果必要，我會好好哭上一場，但哭過後，我會專注在生命中仍未失去的種種好東西上面：來看我的人，我聽到的事情，還有你——如果是星期二的話。因為我們是星期二夥伴。」

我微笑著。星期二夥伴。

「米奇，我不准自己進一步自憐。每天早上一點點，流幾滴淚，就只是這樣。」

我想到我認識的許多人，他們有多少時候都在自憐自艾。若是每天限制自己只能自憐多少，該會多有用。只能花幾分鐘自悲自歎，然後就迎向這一天。如果生這種重病的墨瑞都能做到的話……

「你認為可怕，它才會可怕。」墨瑞說：「看著我的身體慢慢萎縮至死，是很可怕，但這也很可喜，因為我有充分的時間說再見。」

他微微一笑。「不是每個人都如此幸運。」

我盯著躺坐在椅子上的他，站也站不起來，無法自己洗澡，連自己穿褲子都沒辦法。幸運？他真的說自己幸運？

墨瑞要上廁所、使我們談話中斷的一個當兒，我拿起他椅子旁邊一份波士頓的報紙來瞄瞄。有條新聞說，在一個伐木小鎮，兩個十來歲的女孩認識一個七十三歲的老人。兩人後來把他虐殺了，然後在他的車屋中呼朋引伴開派對，向朋友誇耀這具屍體。還有一則新聞是一名男子將要出庭受審。他殺害一名同性戀男子，因為對方在電視脫口秀節目中表白說喜歡他。

我把報紙放回去。墨瑞坐著輪椅被推回來，臉上仍然掛著微笑。康妮準備要把他從輪椅抬起，安置在躺椅上。

我問，你要我服務一下嗎？

房間裡出現片刻的寂靜，我也不知道我怎麼會自告奮勇，但墨瑞已看著康妮，說：

「妳能教他怎麼做嗎？」

「那當然。」康妮說。

在她的指示下，我傾身向前，兩隻前臂穿過墨瑞胳肢窩下抱緊，把他向上扶起，就像從地上舉起一根木材一樣。然後我挺腰站直身子。一般情況下，你若把人這樣扶起，他會雙手抱著你，但墨瑞的手臂已經無法出力。他身體只是死沈沈，我感到他的頭輕輕在我肩膀上點著，他的身子軟趴趴靠著我，像一大塊泡水的麵包。

墨瑞「啊呀」地低低呻吟。

我說，我扶著了，我扶著了。

這樣抱著他，讓我有一種莫名的感動，我只能說，我感覺到死亡在他的殘軀中滋長。

而當我將他輕置在躺椅上，把他的頭在枕頭上放好，我打了個寒顫，幡然了解到時間已經不多了。

而我得做點事才行。

是我大三那年，一九七八年，當時迪斯可舞曲及「洛基」系列電影正蔚為風潮。我們在布蘭迪斯大學上著一門不尋常的社會學課程，墨瑞稱之為「團體過程」。每個星期，我們研究團體中同學互動的一種模式，看他們對憤怒、嫉妒和別人的注意是如何反應，以我們自己做天竺鼠實驗。不時，會有人因故哭了起來。我稱這是一門「哭哭啼啼」的課，墨瑞說我心胸應該更放開些。

這天墨瑞表示，他有項運動給我們做。他要我們背對一名同學站著，向後倒下，由背後那名同學把我們接住。我們都對這樣做不太放心，總是向後才倒了一小段，就趕快打住。大家都不好意思笑起來。

最後，有個平時安安靜靜、總是穿著蓬鬆白色毛線衣、深色頭髮的纖細女生，兩手抱在胸前，閉上眼睛，毫不畏縮地向後倒下，就像立頓紅茶廣告中的模特兒倒入水中濺起水花那樣。

有那麼一剎那，我以為她一定會重重摔在地上，但在最後一刻，她背後的夥伴一把攫住她的頭肩部，大力把她承接起來。

「哇噢！」幾個學生高喊出聲，有人還鼓掌。

墨瑞終於露出了微笑。

他向這女孩說：「妳閉上了眼睛，差別就在這裡。有時候你不能相信眼睛所見的東西，你要相信你所感覺到的東西。你若要讓別人信賴你，你也要能感覺到你可以信任他們，就算你置身黑暗中，就算你在向下掉。」

第3個星期二

你的遺憾是什麼？

下一個星期二，我依例帶著大袋小袋吃的往訪，這次有玉米通心粉、馬鈴薯沙拉、蘋果汁等，另外還多了一項東西：一架新力牌（SONY）錄音機。

我跟墨瑞說，我希望能夠記錄我們談到的事情。我希望錄下你的聲音，好讓我……以後可以聽。

「我死了以後。」

別這麼說。

他笑了起來。「米奇，我會死的，而且是只會早不會晚。」

他打量著這台新機器，說：「好大一台。」就像記者常會有的感覺，我覺得自己像在探人隱私，甚是失禮。在我們這樣的朋友之間擺一台錄音機，實在不適當，彷彿有人在旁偷聽一般。有那麼多人等著想跟他約個時間，我這樣每星期二和他見面，也許已占用他太多時間。

我說，聽著，如果這讓你覺得不自在的話，我們就不要用，說著就把錄音機拿起來。

他搖著一根手指，制止了我，接著用手把鼻梁上的眼鏡撥下來；眼鏡用條細索掛在他脖子上。他兩眼直視著我，說：「放著。」

我把錄音機放了下來。

「米奇，」他柔聲說：「你不了解。我要對你講我的生命，我要趁我還能講的時候跟你說清楚。」

他又壓低聲音，像是在低語：「我要別人聽到我的故事，你可願意？」

我點了點頭。

我們一言不發坐了片刻。

「那麼，」他開口：「錄音機開著嗎？」

說實在的，錄音機不只是我用以記錄往事的工具。我在失去墨瑞，我們所有人——他的家人朋友、他以前的學生、他的教授同事、他熱切參加的政治討論小組的舊識、他以前的舞伴——都在失去他。我想，錄音就像相片及錄影，都是想從死亡魔掌中攫取一些東西的無奈嘗試。

另外我還開始知道，墨瑞以著他的勇氣、幽默、耐心及開放態度，可說是從一個相當不同的角度來看待生命，一個更健康地、更合理的角度。**而他就快死了。**這和我所認識的任何人都不一樣。

如果你和死亡四目相對，想法反而近乎神奇地變得透明澄澈。那麼我知道，墨瑞希望將想法和人分享，而我也希望將之永誌心中。

我在《夜線》節目看到墨瑞時，心中就在想，他知道自己死期將屆之時，心中可有什麼未竟的遺憾？他是否為失去的友人悲歎？他是否希望有些事能從頭來過？我捫心自問，我若和他有著相同處境，我會因為想到我失去的許多事物而悲傷嗎？我會後悔自己未曾向人吐露一些祕密嗎？

我跟墨瑞談到這件事，他點點頭。「這是每個人都會擔心的事，不是嗎？今天若是我活著的最後一天，我會怎樣？」他仔細瞧著我的臉，也許他看出我對此事欲言又止。我彷彿看到自己有朝一日在桌上昏倒，手頭的稿件寫到一半，醫護人員趕來把我抬走，而報社編輯主管只顧著把我的稿件發出去。

「米奇？」墨瑞問。

我搖搖頭，一言不發。墨瑞針對我的遲疑發難。

「米奇，」他說：「我們的文化不鼓勵你思考這些事情，一直到你要死了為止。我們整天忙著以自我為中心，關心事業、家庭、賺錢、還貸款、買新車、暖氣機壞了得修理——我們忙著千頭萬緒的瑣事，讓自己這樣一天過一天。所以我們不習慣退後一步，冷眼旁觀自己的生活，然後問一句：人生就是這樣嗎？我所要的就是這樣嗎？是不是少了些什麼？」

他頓了一頓。

「你需要別人在背後戳你一下。你不會自己想到。」

我知道他在說什麼。我們的生命都需要良師指點。

我的良師就坐在我面前。

很好，我想。如果我這是在當學生的話，那我就要盡可能當個好學生。

當天坐飛機回家途中，我在一本黃頁的筆記本上列出一些問題，這些是我們都會遇到的問題，從快樂到年老到生兒育女到死亡。當然啦，有一百萬本實用性質的書籍，還有許多第四台電視談話節目，以及每小時九十美元的心理諮商都在談這些問題。美國是一個自助學的大賣場。

雖然如此，要想找到明確答案，似乎仍遙不可及。你是應該關心別人，還是關心自己「心裡那個小孩」？是要回歸傳統價值觀，還是把傳統當作沒用的舊貨丟掉？要追求成功，還是追求純樸？「就是說不」（Just Say No），還是「儘管去做」（Just Do It）？

我只知道一點：我的老教授墨瑞，不是從事自助學這一行的。他站在鐵道上，聽著死亡列車迎面而來的拔尖汽笛，他很清楚生命中什麼才是重要的。

我想要他的清明。我所認識的每個惶惑困頓的芸芸眾生，都想要這份清明。

墨瑞總是說：「問我一些問題。」

所以我列出這份清單：

死亡

恐懼

衰老

貪婪

婚姻

家庭

社會

寬恕

有意義的生命

我第四次回到西紐頓時，袋子裡裝著這份清單。這是八月下旬的一個星期二，機場航空站的空調壞掉了，人們搧著風揮汗如雨，我看到的每張面孔，都像是火大到可以出手殺人。

我到大四學年開始時，已經修了很多社會學的課，只差幾個學分就可以拿到學位，墨瑞因此建議我不妨寫篇畢業論文。

我？我該寫什麼題目？

「你對什麼有興趣？」他問。

我們反反覆覆討論，最後終於決定把課題訂為運動。我就此展開了為時一年的研究，探討美式足球如何在美國成為儀式化的體育項目，幾乎形同一種宗教，一種群眾的鴉片。我當時壓根兒沒想到，這會成為我未來職業的先期訓練。我只知道，這讓我又有機會每星期和墨瑞見一次面討論。

在他的協助下，到開春時我已寫下一百一十二頁的論文，有研究心得，有許多附註，資料整理清楚，用黑色皮封面裝訂得體體面面的。我把論文拿給墨瑞看，感覺像是少棒選手擊出生平第一支全壘打後，意氣風發地奔回本壘。

墨瑞說：「恭喜。」

他翻讀之時我笑著，在他辦公室四下張望。成排的書本、硬木地板、小地毯、沙發椅。我心想，這房間裡可以讓人坐的地方，我大概都坐過了。

墨瑞一邊讀，一邊調整他的眼鏡，說：「米奇，我該怎麼說，像你寫出這樣的論文，我們想叫你繼續念研究所呢。」

我說，是啊，行行好。

我吃吃笑起來，不過他這想法一時之間倒也頗具吸引力。我是對很快就要畢業離校感到有些恐懼，但另一部分的我又很想趕快畢業。對立面的衝突。我看著墨瑞翻讀我的論文，想著外面的世界不知是什麼樣。

第二次電視節目

《夜線》節目做了墨瑞的後續報導，原因之一是第一次訪問激起觀眾很大的回響。這次當攝影機組及製作人員走進墨瑞家，感覺已像是這裡的一分子，而卡柏的態度也顯然比上次隨和。兩人不必再互探底細，不必在訪問前先談談。卡柏和墨瑞先閒話家常一番，談彼此的成長背景：卡柏是在英格蘭長大的，墨瑞則談到他在紐約市布朗克斯區的成長。墨瑞穿著長袖藍襯衫，他現在相當畏寒，即使外面是三十幾度的熱天；但卡柏把他的西裝外套脫掉，只穿襯衫打領帶來進行訪問，彷彿是被墨瑞一層層卸下他的心防。

當攝影機開始運轉，卡柏說：「你看來氣色不錯。」

墨瑞說：「大家都這麼講。」

「你的聲音聽來也不錯。」

「大家都這麼講。」

「那你怎麼知道自己身體在走下坡？」

墨瑞歎了口氣。「泰德，只有我自己知道，但我的確知道。」

隨著話講多了，他健康惡化變得顯而易見。他不再像上一次訪問那樣，可以揮動著雙手來強調他的語意。他講話變得吃力，一些音似乎卡在喉頭發不出來。再過幾個月，他可能連話都沒辦法講了。

「我的心情是這樣的。」墨瑞向卡柏說：「當我這裡有朋友及關心我的人，我就很開心，他們的關愛慰問支撐著我。

「然而有些日子我心緒低落。我不想欺騙你。我看到一些事情的發展，讓我有恐懼感。我失去了雙手怎麼辦？我不能講話時怎麼辦？吃東西，我不是那麼在乎，他們用條管子來餵我，那又如何？但失去我的聲音？我的手？這些是我之所以為我的重要部分。我要用聲音來講話，我要用雙手來做手勢。這是我用來回報別人的方式。」

卡柏問：「當你無法再講話，你要怎麼回報別人？」

墨瑞聳聳肩。「也許我就讓別人問我是非題。」

他回答得直截了當，卡柏也不禁微笑。他問卡柏有關沈默的問題。他提到墨瑞的一個好友莫瑞·史坦，就是最早把墨瑞的短句佳言寄給《波士頓地球報》的那個人。他們從一九六〇年代初就在布蘭迪斯大學共事，如今史坦的耳朵已經重聽了。卡柏想像著兩人有一天碰面，一個已無法講話，另一個則是耳聾，那會如何呢？

「我們會把手握在一起，」墨瑞說：「我們兩人會心心相印。泰德，我們有三十五年的友誼，這個不需要講話就能感覺到。」

在節目結束前，墨瑞把收到的一封信讀給卡柏聽。自從上次《夜線》訪問播出以來，墨瑞收到了不少的信，其中一封來自賓州的一名教師。她教的班級相當特別，班上九個學生都是父親或母親已經過世。

「我是這麼回信的，」墨瑞說，一面小心把眼鏡架上鼻梁。「親愛的芭芭拉……妳的信讓我很感動。妳對這些遭受喪親之慟的孩子悉心付出，我覺得意義十分重大。我自己小時候也失去了母親……」

這時攝影機還開著，墨瑞突如其來地用手調了一下眼鏡，不說話，咬著嘴唇，開始抽噎起來，眼淚順著鼻梁滾下。「我小時候母親就死了……這對我是很大的打擊……我真希望當時有像妳這樣的班級，好讓我把心裡的悲傷講出來。我會成為妳的學生，因為……」

他已經泣不成聲。

「……因為我覺得好孤單……」

「墨瑞，」卡柏說：「你母親過世已經是七十年前的事，心中的傷痛還在嗎？」

墨瑞微弱地說：「那還用說。」

有關老師，之二

他當時八歲大。醫院方面拍來電報，由於他父親是俄羅斯移民，不會讀英文，只能由墨瑞宣讀他母親的噩耗，像是要一個學生硬著頭皮站在全班面前讀：「我們很遺憾必須通知您……」

喪禮那天早上，墨瑞的親屬從他家台階走下去；他們租來的家位在曼哈頓窮人聚居的下東區。男士都穿黑色西裝，女眷則面蒙黑紗。這時附近孩童正出門要上學，他們走過時，墨瑞把頭放得低低的，生怕被同學們看到。他一個體型粗胖的嬸嬸抱緊了墨瑞，哭喊起來：「你沒了媽媽怎麼辦？**誰來照顧你啊？**」

墨瑞哭了，他的同學一溜煙跑開。

在墓園，墨瑞看著大人們將泥土鏟進他母親的墓穴中，努力回想她在世時母子親暱相處的時刻。她本來經營一間糖果鋪，但她生病後多半時間不是睡覺，就是倚靠窗戶坐著，臉色蒼白、身形憔悴。有時她會喊著要兒子拿藥給她，但小墨瑞在街上玩著球，假裝沒聽到，因為他心裡以為，只要裝作沒事，她的病就會過去。

小孩子還能用什麼別的方式來面對死亡？

墨瑞的父親為了逃避俄羅斯的徵兵，才前來美國，大家都管他叫查理。他是做毛皮生意的，但老是失業，因為他沒受過教育，又幾乎不懂英文。他們家很窮困，多半時間都靠領救濟金過活。他們住的地方前面是糖果鋪，後面又小又破又昏暗，一家人就擠在這裡。他們家徒四壁，也沒有車代步。有時墨瑞和弟弟大衛為了貼補家用，會為別人清洗門前台階，賺取一個零子兒。

在媽媽死後，兩個男孩被送到康乃狄克州森林中一家小寄宿旅館，好幾個家庭共用一大間木屋，也一起開伙。他們的親人覺得，這裡的新鮮空氣對小孩有好處。墨瑞和大衛以前沒見過這麼林木蓊鬱的大自然，一天到晚在野地裡奔跑遊玩。一天晚上吃過飯後，他們倆出去散步，天開始下起雨來，但兩人不進屋去，反而在大雨中濺水玩了好幾個小時。

第二天早上，墨瑞醒來就縱身跳下床。他叫弟弟說：「來啊，起床。」

「我起不來。」

「什麼意思？」

大衛一臉驚慌神色。「我……都沒辦法動。」

他得了小兒麻痺。

當然，小兒麻痺不是雨水淋濕所引起的，但像墨瑞這年紀的小孩，不懂得這個。他弟弟多次前往病兒之家就醫，最後腳上必須套上鐵圈架，走起路來一跛一跛。這讓墨瑞有好幾年時間都深感內疚。

也就因此，墨瑞早上常會到猶太會堂去（他自己一個人，因為他父親並不特別信教），和那些穿著黑色長袍、身體前後左右擺盪的男信徒站在一起，祈禱上帝照顧他死去的媽媽及生病的弟弟。

到了下午，他站在地鐵台階底下，叫賣兜售各種雜誌，賺的一點錢都拿來補貼家用。

晚上回家後，他看著父親悶不吭聲吃著飯，幼小的心靈裡希望得到他的一點關愛、呵護或溝通的表示，但希望永遠落空。

才不過九歲大，他就覺得肩膀上壓著山一樣的重擔。

幸好到了第二年，墨瑞生命中出現救星，那就是他的繼母伊娃。伊娃是個嬌小玲瓏的羅馬尼亞移民，她五官平庸，有著棕色的鬈髮，但是精力充沛，一人抵兩人用。她所散發的活力，正可以抵消他父親在家裡造成的陰鬱氣息。她的新夫婿默不作聲之時，她可以妙語婉轉，晚上還唱曲兒給孩子們聽。她聲音溫柔、她教孩子做功課、她個性堅強，這些都是墨瑞精神上的慰藉。當他弟弟從病兒之家出院回家，腳上戴著小兒麻痺的鐵圈架，兄弟兩人晚上睡在推進廚房的一張有輪子的床上，伊娃會來跟兩人吻臉道晚安。墨瑞每晚等著這個時刻，彷彿是隻嗷嗷待哺的幼獸。他打心底覺得，自己又有了母親。

只是家裡的窮困仍沒有改善。他們現在搬到了布朗克斯區，住在特瑞蒙大道上一幢紅磚公寓建築。他們只有一間臥房，隔壁是一家義大利啤酒店，老人家們常會在夏天晚上在草皮上打義大利式保齡球。當時是經濟大蕭條時期，墨瑞的父親因此更難找到毛皮業的工作。有時一家人在餐桌前坐下來，伊娃能端上桌的只有粗麵包。

大衛會問：「還有什麼吃的？」

伊娃回答：「沒有別的了。」

當她把墨瑞和大衛送上床準備睡覺，她會用意第緒語唱歌給他們聽，就連這些歌曲講的也都是窮人悲傷的事。有首歌是講一個小女孩向人兜售香菸：

拜託買包香菸吧。
香菸是乾的，沒被雨淋到。
可憐可憐我吧，可憐可憐我吧。

雖然家境清寒，墨瑞仍學到如何關愛別人，也學到如何奮發向上。伊娃十分重視小孩的學校課業，她知道教育是他們擺脫貧窮處境的唯一辦法，她自己都去學校夜間進修班學英文。墨瑞後來投入教育並誨人不倦，要歸功於她的影響。

墨瑞晚上坐在廚房餐桌旁，點燈苦讀。早上他還是去猶太會堂，為他的親生母親做一段祈福禱告，他不想忘掉她。令人難以想像的是，父親要墨瑞別再提到她，因為他要讓大衛以為伊娃就是親生母親。

這對墨瑞是一大心理負擔。許多年下來，他知道親生母親曾經存在的唯一證據，是醫院發來的那張死訊電報。墨瑞收到電報那天就把它收了起來。

他終其一生都珍藏著這張電報。

墨瑞十幾歲的時候，父親帶他到他做事的毛皮工廠去，那時還是大蕭條時期，查理想幫墨瑞找個差事做。

墨瑞走進工廠，馬上覺得整個人快要被壓倒。廠房幽暗又燠熱，窗戶滿是污垢，一台台的機器緊靠在一起，像火車輪子般轉個不停。動物毛屑滿天飛舞，使得空氣濃重而令人氣悶，工人們忙著將一塊塊毛皮縫接在一起，彎腰低頭專注在針線上。工廠老闆則在一排排機器間來回巡查，吆喝著要工人動作快點。墨瑞幾乎不能呼吸，只能緊靠父親站著，害怕得舉步維艱，深恐老闆也會扯著嗓子斥罵他。

午飯休息時間，父親帶墨瑞去見老闆。他把墨瑞推上前去，問工廠裡是否還有差事可給他兒子做。只是工廠連給大人做的差事都不夠，員工也都很賣命，沒人願意減少工時。

這對墨瑞來說，是不幸中的大幸。他恨透了這工廠，還因此對自己發了一個終生信守不渝的誓：他絕不做任何剝削別人的工作，絕不容許自己靠別人的血汗賺錢。

伊娃問他：「你以後要做什麼？」

他回答：「我不知道。」他不考慮念法律，因為他不喜歡律師，他也不考慮學醫，因為他受不了看到血腥。

「你以後到底想做什麼？」

我碰過的最好的教授，是在別無選擇的情況下，才走上教書這一行。

「老師做的是百年樹人的長遠工作；他對後世的影響永無止息。」

——亨利・亞當斯（Henrry Adams）

第4個星期二

學會死亡，才能學會活著

「讓我們從這個談起，」墨瑞說：「每個人都知道自己有一天會死，但沒有人把這當真。」

這個星期二，他的態度相當就事論事。我們談的主題是死亡，也就是我清單上的第一個項目。在我抵達前，墨瑞已經在幾張小小的白紙上記下一些事情，以防自己忘記。他的筆跡如今顫抖扭曲，只有他自己才看得懂。這時已快到勞動節（譯註：在美國是九月的第一個星期一），我從墨瑞家窗戶看出去，可以看到後院菠菜色的圍籬，聽到街上孩童遊玩的嬉戲聲，這是他們開學前還能自由自在的最後一個星期。

在底特律，報社罷工的工人正準備要在勞動節大舉示威，聯合各地工會聲討頑強不屈的資方。我坐飛機前去的途中，在報上讀到，有個女人在丈夫及兩個女兒睡夢中開槍將他們射殺，理由是她不要他們被「壞人」傷害。在加州，辛普森案的檢察官及辯方律師，都成了人人津津樂道的名人。

在墨瑞的房間裡，生活的每一天都如此珍貴，不容錯過。我們一起坐著，幾公尺外是他家中最近才送到的氧氣機。這種可攜式氧氣機相當小巧，只到膝蓋高。墨瑞有些晚上呼吸會有困難，這時他就將長塑膠管接到鼻孔，讓管子緊緊附著。我不願去想墨瑞要靠著機器才能活著，因此在墨瑞講話時，我都盡量不去看氧氣機。

「每個人都知道自己有一天會死，」墨瑞重複一遍：「但沒有人把這當真。不然的話，我們就不會這樣。」

我說，所以關於死亡，我們都在欺騙自己。

「沒錯，但是有個比較好的辦法。你要知道自己會死，並且隨時做好準備，這樣就好得多。這樣你在活著的時候，就可以真的比較投入。」

你怎麼可能隨時做好死亡的準備？

「學佛教徒那樣。每天都想像有隻小鳥兒站在你肩上，問著：『就是今天嗎？我準備好了嗎？我一切都盡了力嗎？我是否問心無愧？』」

他把頭側到一邊去，彷彿真有隻小鳥兒停在他肩上。

他說：「今天就是我死去的日子嗎？」

墨瑞可說是自由出入各宗教之間。他生是猶太人，但他孩提時代的種種遭遇，促使他在十幾歲時成為不可知論者。他對佛教及基督教若干教義甚能接受，而他對猶太教也一直不忘本。他對各宗教兼容並蓄，使得他對形形色色的學生更能抱持開放的心胸。他在世最後幾個月說出的話，似乎超越了各宗教論爭的畛域。死亡讓人具有這樣的本領。

「米奇，事實上，」他說：「只要你學會死亡，你就學會了活著。」

我點點頭。

「我再說一次。」他說：「只要你學會死亡，你就學會了活著。」他微微一笑，我才了解他的用意。他要確定我記住了這一點，但又不願以質問的方式讓我尷尬。他就是這樣循循善誘，這讓他成為一個好老師。

我問，你在生病前，可曾對死亡多加思考？

「沒有，」墨瑞微笑著：「我和別人一樣。我有一次還高高興興對一個朋友說：『我會是你認識的人裡面最健康的老壽星！』」

當時你幾歲？

「六十幾。」

所以你當時很樂觀。

「為何不？我說過的，沒有人真的相信自己會死。」

我說，但是誰不認識或知道一些已經死去的人，為什麼自己就那麼難以想像死亡的到來？

「因為我們大都像是在夢遊。我們事實上沒有完全體驗這個世界，因為我們在半醒半睡，做著自以為非做不可的事。」

挺身面對死亡就能改變這一切嗎？

「噢，是的。你把那一切都剝除掉，專注在重要的東西上。當你了解自己就要死了，看事情就會相當不同。」

他歎了口氣。「學著如何死亡，你就學到如何生活。」

我注意到，他的雙手現在一直顫抖著。他的眼鏡掛在脖子上，當他拿起眼鏡想要戴起上，眼鏡腳總是滑過額頭而戴不上，彷彿他是在黑暗中為別人戴眼鏡。我伸手過去，幫著他把眼鏡戴上。

「謝謝。」墨瑞輕聲說。當我的手擦過他的頭，他臉上就露出了微笑。即使是人與人之間最輕微的接觸，對他都是無上喜悅。

「米奇，你要聽我講句話嗎？」

我說，當然嘍。

「你可能會覺得不中聽。」

怎麼說？

「這個呢，事實上，如果你真的傾聽你肩膀上的那隻鳥兒，**如果你真的接受你隨時可**

能死去的這個事實——那麼你可能不會像現在這麼爭強好勝。」

我勉強擠出個微笑。

「你花這麼多時間去做的事，你做的這許多工作，可能不會再顯得那麼重要。你可能會想多花些時間在心靈的東西上。」

心靈的東西？

「你不喜歡這個字眼，對不對？『心靈』。你覺得這是多愁善感的玩意兒。」

我說，這個嘛。

他做了個眨眼的表示，只是做得太拙劣，我不禁笑了。

他也跟著笑了，說：「米奇，我也不知道『心靈成長』究竟是什麼意思，但我確定我們少了些什麼東西。我們太過重視物質的東西，而這些東西卻不能滿足我們。我們和我們所愛的人，我們四周的大千世界，我們都把這些當作理所當然。」

他頭朝著窗戶方向一揚，燦爛的陽光正照進屋子。「你看到了嗎？你可以走出去，走到外面，隨時都可以。你可以在街頭跑上跑下，怎麼瘋都行，我卻沒辦法。我不能出去，不能跑步，我出去就有病情加重的危險。但你知道嗎？我比你更懂得那扇窗戶的價值。」

懂得它的價值？

「沒錯。我每天從那道窗戶向外張望。我注意到樹木的變化，注意到今天的風是強是弱。我好像可以看到時間從窗櫺之間溜過。我知道自己來日不多，因此我深深被大自然吸引，彷彿我眼前看到的都是第一次。」

他不再說話，有半晌我們只是默默望著窗外。我試著想要見他所見，試著看到時間與季節，看到我的生命以慢動作過去。墨瑞微微把頭低下，偏到一邊肩膀去。

「小鳥兒，就是今天嗎？」他問：「就是今天嗎？」

由於墨瑞在《夜線》節目兩度受訪，世界各地的信件如雪片一般飛來。他體力可以的時候，會坐起身來，召集若干家人好友，由他們執筆，他口述，如此回每一封信。

一個星期天，他兩個兒子羅勃及強都在家，大家一起聚在客廳。墨瑞坐著輪椅，他骨瘦如柴的腿覆著毛氈。他若是冷的話，就由看護在他肩膀披上一件外套。

墨瑞問：「誰來讀第一封信？」

一位同事讀了一個名叫南西的女人的來信，她的母親也是因ＡＬＳ而死。她寫說，她母親的過世讓她哀慟逾恆，她知道墨瑞因為這個病受到了多少折磨。

墨瑞聽完這封信後閉上眼睛，說：「好，我們回信這麼說：『親愛的南西，妳母親的故事讓我深受感動，我對妳的遭遇也是感同身受。生病對病人與家屬雙方來說，都是悲傷與折磨。懷念亡母對我是件好事，希望對妳來說也是件好事。』」

羅勃說：「最後一句可能要改一下。」

墨瑞想了一下，說：「你說得對。可不可以改成『我希望妳可以在懷念亡母時，找到療傷止痛的力量』。有沒有好些？」

羅勃點點頭。

墨瑞說：「最後加上『很感謝妳，墨瑞上』。」

另一封信是一個名叫珍的婦女寫來的。她謝謝他在《夜線》節目中帶給她的許多啟示，還形容他是個先知。

墨瑞一個同事說：「先知，這可是很高的讚美。」

墨瑞做了個鬼臉，顯然覺得此話當之有愧。「讓我們謝謝她的溢美。跟她說，我很高興我講的話對她不無意義。

「別忘了簽上『很感謝妳，墨瑞上』。」

英格蘭一名喪母男子的信說，他希望墨瑞可以幫忙，讓他和靈界的母親取得聯繫。一對夫婦的來信說，他們想開車來波士頓和他見個面。有個以前的研究生寫了封長長的信，講她離開大學以後的事。她親近的人發生一樁殺人後自殺的慘劇，她三度流產，而她母親又死於ＡＬＳ，因此她害怕自己也會得到這種病。這封信很長，兩頁、三頁、四頁。

墨瑞靜靜聽完這個又長又悲慘的故事。等到信終於念完了，他柔聲說：「我們要怎麼回信呢？」

大家沈默不語，最後羅勃才說：「就說『謝謝妳的長信』如何？」

大家都笑了，墨瑞看著自己兒子，笑得很開心。

他身旁那一份報紙上，有一張波士頓棒球隊選手的照片，在投出一場讓對方掛零的球賽後露出笑容。我心想，人世間的疾病那麼多種，墨瑞得了一個以運動選手之名命名的病。

記得路・格瑞（Lou Gehrig）*嗎？我問。

「我記得他在球場向大家道別。」

那你也就記得那句很有名的話。

「哪句話？」

拜託，是路・格瑞呀。「洋基之光？」那場透過傳聲喇叭而響起的演說，不記得了？

「你講一遍，我看看記不記得。」

窗外傳來垃圾車的聲音。天氣熱得很，而墨瑞穿著長袖上衣，腿上蓋著毯子。這場病把墨瑞占為己有。

我提高聲音，模仿路．格瑞迴繞在球場四圍的話語：「今天，我覺得，自己是全地球上最幸運的人。」

墨瑞閉上眼，緩緩點了點頭。

「說得不錯。不過，我可沒說那話。」

*編註：路．格瑞（Lou Gehrig）全名亨利．路易．格瑞（Henry Louis Gehrig, 1903-1941），是紐約洋基棒球隊的一壘手及最佳打擊手。他曾連續出賽兩千一百三十場，一生的平均打擊率為三成四一，共擊出四百九十二支全壘打。路．格瑞長得帥氣，人又謙遜，深得球迷喜愛。他在三十四歲那年出現ＡＬＳ症狀，知道自己不會活很久，但相當堅強。他在最後一場比賽正式向球迷告別，三年後去世。為了紀念這位傑出的球員，美國便將ＡＬＳ稱為路格瑞氏症。

第5個星期二

我們談家庭

九月的第一個星期，是開學的時候，我的老教授在杏壇執教三十五年，這次秋季開學卻是沒有課可以教。波士頓到處都是學生，大街小巷都有車輛併排停著，學生忙著搬下自己的行囊。墨瑞在自己的書房坐著。這感覺怪怪的，就像是美式足球員終於退出球場，第一個星期天沒事待在家裡，看著電視心想：「這個我也行。」以我從前的經驗，我知道在球季開始這段期間，最好別和退休球員打交道，什麼話也不要講。不過，墨瑞並不需要我提醒他長日將盡。

我們的錄音談話，原來是用手持麥克風，但墨瑞現在已很難長時間拿著任何東西，我們改成用別針式麥克風，就是電視主播喜歡用的那種，可以別在衣領上面。只是呢，墨瑞常穿的是柔軟的棉衫，鬆鬆地套在他日漸萎縮的身上，麥克風往往會鬆垂下來，我不時得伸手去調整一下。墨瑞似乎頗喜歡這樣，因為這讓我更靠近他，觸手可及，而他愈來愈需要這樣與人親近的身體接觸。我傾身向前之際，耳邊聽到他濁重的呼吸聲及微弱的咳嗽聲，他清清喉嚨、嚥了口口水，嘴唇微微咂嘖作聲。

「我的朋友啊，」他說：「我們今天談些什麼呢？」

談家庭如何？

「家庭，」他想了一會，說：「我的家人就在四周，你看得到。」

他朝他書架上的許多相框點點頭，照片包括墨瑞小時候和祖母的合照；他年輕時和他弟弟大衛；他和太太夏綠蒂；他和兩個兒子，羅勃在東京當記者，強在波士頓從事電腦業。

他說：「我想，我們這幾個星期討論下來，家庭的重要性是有增無減。

「事實上，如果沒有家庭的話，今天我們根本沒有立足之地，沒有任何依憑。我生病以來，愈來愈感受到這一點。如果你沒有家人的支持、關愛、照顧和關心，你就幾乎什麼也沒有。愛最最重要，我們的大詩人奧登（W. H. Auden）說：『不相愛，即如死滅。』」

我把這記了下來：「不相愛，即如死滅」。這是奧登說的？

「不相愛，即如死滅。」墨瑞說：「很好的句子，不是嗎？如此一言中的。沒有愛的話，我們都是折翼的鳥。

「要是我離了婚，或是獨居，或是膝下沒有子女的話，我現在生這種病，會是加倍的難以承受，我覺得自己根本撐不過來。沒錯，朋友、同事等會來看我，但這不一樣，家人不會起身告別離去。這不一樣，你知道家人時刻關心著你，隨時注意你的情況。

「家庭就是如此，不只是互相關愛，還要讓對方知道你在關心注意著他。我母親過世時，我最感痛失的就是這種感覺，可以說是『精神上的安全感』——知道你的家人總是在一旁守護著你。這沒有別的東西可以取代，金錢不行，名聲也不行。」

他看了我一眼，加上一句：「工作也不行。」

我的小清單上有一項是生兒育女。這是件我們若不及早弄清楚，就會悔之已晚的事。

我跟墨瑞講我們這一代生小孩的兩難困境。我們覺得會被小孩絆住，逼我們去做那些為人父母必須做，但心裡不是很願意做的事。我承認自己也有這樣的感覺。

只是當我看著墨瑞，想像自己若像他一樣在垂死邊緣，又沒有家人、沒有子女，那種空虛感我受得了嗎？他把兩個兒子都教養得懂得關心照應別人，並和墨瑞自己一樣，不吝於表達自己的感情。他若是想要的話，他們隨時願意放棄工作，陪父親度過他餘生最後幾個月的每一分鐘，但他並不想這麼做。

「不要打斷你們的生活，」他告訴兩個兒子：「否則的話，這場病毀的不是我一人，而是我們一家人。」

他就是如此，雖然已在垂死邊緣，仍然尊重孩子們自己的世界。也就難怪當他們前來陪伴，父子之間流露濃厚的感情，吻頰拍肩、有說有笑，兩個兒子坐在床邊，和老爸手相握，心相連。

「別人問我應不應該生小孩的問題時，我不會教他們怎麼做。」墨瑞眼睛望著他大兒子的照片說：「我只會簡單地說：『沒有別的經驗比得上生兒育女。』就這麼簡單，這件事沒有別的可以取代。朋友不行，愛人也不行。如果你要對另一個人負起完全的責任，學著如何去給予最深的愛與關懷，那你就應該生小孩。」

我問，那麼你會願意再來一遍嘍？

我瞄了那張照片一眼。照片裡，羅勃親吻著墨瑞的額頭，墨瑞眼睛閉著，笑得好不開懷。

「我願意再來一遍嗎？」他驚訝地看著我：「米奇，我說什麼也不會放棄這段人生經驗。即使是……」

他嚥了嚥口水，把那張照片放到膝上。

他說：「即使是你得付出一項很高的代價。」

因為你總有一天得離開他們。

「因為我很快就要離開他們。」

他嘴唇緊閉，闔上眼睛，我看到他臉頰滴下第一顆眼淚。

「現在呢，」他輕聲說：「換你說話。」

我？

「你的家庭。我知道你的父母，我們見過，好多年前，在畢業典禮上。你還有個姊妹，對不對？」

我說，對。

「是姊姊吧？」

姊姊。

「還有個兄弟，對不對？」

我點點頭。

「是弟弟？」

弟弟。

「和我一樣，」墨瑞說：「我也有個弟弟。」

我說對，和你一樣。

「他也參加了你的畢業典禮，對不對？」

我眨眨眼，腦海中浮現十六年前我們在一起的光景，炎熱的驕陽，藍色的長袍，我們勾肩搭背簇擁成一團，在相機前面擠眉弄眼，只聽得有人數：「一、二、三……」

「怎麼回事？」墨瑞注意到我突然靜了下來。「你在想什麼？」

我說，沒什麼，就把話題岔開。

事實上呢，我的確有個弟弟，他有著金色頭髮及淡褐色眼睛，比我小兩歲。他長得和我或是我深色頭髮的姊姊都不像，我們因此常常戲弄他，說他是有人丟在我們家門口的棄嬰。我們還會說：「總有一天，他們會來把你討回去。」他聽到這話總會哭起來，但我們還是照說不誤。

他就和許多老么一樣，成長過程中備受寵愛，但內心有著不為人知的世界。他的夢想是成為演員或歌星，總是在吃晚餐時模仿電視節目，扮演每一個角色，一臉燦爛的微笑讓人又憐又愛。我是好學生，他是壞學生；我順從聽話，他桀驁不馴；我不沾酒，不沾毒品，他什麼都試，什麼都來。他讀完高中後不久就搬到歐洲去，因為他喜歡那裡自由不羈的生活方式。然而他仍是家中最受寵的孩子。他返鄉的時候，和他狂放風趣的個性相形之下，我自覺古板而守舊。

以我們南轅北轍的長相和個性，我一直都覺得我們長大後的際遇也會是天差地別。我猜想的事情都對了，只除了一項。自從我舅舅死後，我就相信自己也會得到類似的病，同樣在壯年死於非命。所以我才沒命般的工作，隨時準備癌症的降臨，我幾乎可以聽到病魔的氣息，我知道它就要來了。我等待這一天，就像被判死刑的人等著劊子手的到來。

我猜得沒錯，它的確來了。

但它和我擦肩而過。它找上了我弟弟。

和舅舅得的一樣，胰臟癌，很少見的一種胰臟癌。我們家的么弟，金髮棕眼的天之驕子，因此不得不接受化學治療及放射線治療。他的頭髮都掉了，臉型瘦得像個髑髏頭。我心裡想著，這應該是我才對啊。但我弟弟不是我，也不是我舅舅。他的鬥志堅強，他從小就是這樣。我們有次在地下室扭打，他竟然咬穿了我的鞋，我痛得大叫，不得不放開他。

他展開了反擊。他住在西班牙，那裡有一種還在實驗階段的藥物，在美國無法取得，他就服這種藥來對抗癌魔。他飛到歐洲各國，遍求名醫。經過五年的治療，癌魔似乎在藥物控制下被擊退了。

這是個大好消息，但壞消息是，我弟弟不想讓我見到他，事實上他對家裡的人都避而不見。我們一直想去看他，但他一直擋駕，堅持說他得自己一個人對抗病魔。有時好幾個月過去，都沒有他的隻字片語，我們在他的答錄機留言，他也不回覆。我對於自己無法在他身邊照顧他，感到內疚，但又對他拒我們於千里之外的作法，感到生氣。

所以，我還是埋首於工作。我投入工作，因為這是我可以掌控的事，因為工作不會不講道理，我有所投入就會有所收穫。每次我打電話到弟弟的西班牙家中，聽到答錄機的聲音（他用西班牙文講，使得我們之間益顯陌生），我就掛上電話，回頭繼續工作。

我會受到墨瑞吸引，這大概是原因之一。他讓我做到對自己弟弟做不到的事。

回顧這一切，也許墨瑞一直都知道這一點。

我小時候的某年冬天，在我們住的郊區一處積雪盈尺的山坡上玩耍。我和弟弟坐著雪橇，他在上我在下，他的下巴頂著我的肩膀，半騎在我身上。

雪橇滑過高低不平的積雪。接著我們滑下山坡，速度變得很快。

有人高喊：「有車！」

我們也看到了，從我們左邊的街道上開過來。我們尖叫起來，想要把雪橇轉向旁邊去，但沒有用。車上司機猛按喇叭，急踩煞車。我們在千鈞一髮之際，從雪橇上跳了下來。我們穿的是連帽的厚雪衣，兩個人像木材一樣從濕冷的雪坡上滾下去，以為下一刻就要滾到車前被輪胎壓過。我們尖叫著「啊——！」，心中充滿恐懼，天旋地轉一路滾下去。

然後呢，沒事。我們滾到山坡腳停住，好不容易回過神來，從臉上抹去雪水。車子已經呼嘯而過，司機還從車窗對我們搖搖手指。我們安全了，雪橇不知何時撞上一堆雪，已經停住。我們的玩伴圍上來拍著我們肩膀，有的說：「酷哦！」有的說：「你們差點就沒命了。」

我跟弟弟做個鬼臉，兩個小孩子在同伴面前神氣活現。我們心裡想，這倒也不壞，下次再這樣做敢死隊也無妨。

第6個星期二

感情與執著

我走經幾株山月桂樹及那棵日本楓樹，踏上墨瑞家的藍石台階。屋簷的白色水筧橫過門楣，像是一道眼瞼。我按下門鈴，來開門的不是康妮，而是墨瑞的太太夏綠蒂，她是位美麗的灰髮婦人，說話聲音婉轉動人。我登門拜訪時，她通常都不在，因為她聽從墨瑞的意思，仍然在麻省理工學院教書。因此這天早上我看到她在家，有些驚訝。

她說：「墨瑞今天情況不太好。」有半晌她望向我背後，然後走向廚房去。

我說，很不好意思打擾。

「不會不會，他很高興看到你。」她連忙說：「我敢說……」

她話說到一半停住，微微轉過頭去，聽著近旁的動靜，然後繼續說：「我敢說……他看到你來就會好得多。」

我舉起手上提的超市採購品，開玩笑說，這是我照例帶來的口糧。她臉上帶著微笑，但又顯得不安。

「吃的東西還很多。上次帶來的他都沒吃。」

我聽到這話很是驚訝。我問，他都沒吃？

她打開冰箱，我看到同一家超市的保麗龍盒，裝著上次我帶來給墨瑞吃的雞肉沙拉、義大利細麵條、蔬菜、南瓜等等。她打開上層冷凍庫，裡面有更多東西。

「這些東西墨瑞大都不能吃，太硬了他吞不下。他現在只能吃很容易入口的東西，或是流質食物。」

我說，可是他從來都沒說不行。

夏綠蒂微微一笑，說：「他不想傷到你的感情。」

這怎麼會傷到我的感情，我只是想要有點貢獻。我是說，我只是想帶些東西來給他……

「你已經給他帶來東西了，他都等著你來拜訪。他說他得和你進行這項計畫，他得要專心，撥出時間來給你。我覺得，這讓他可以有種責任感……」

她臉上又再出現那種悠遠的表情，彷彿心思飛到了遠方。我曉得，以墨瑞愈來愈糟的情況，晚上都睡不好，這意味著夏綠蒂經常也難以安眠。有時墨瑞會好幾個小時咳個不停，才能把喉嚨中的痰清出。現在他得要有看護人員徹夜作陪，白天則訪客不斷，他以前的學生、教授同事、靜坐老師等，往來出入他家。有時墨瑞一天要接見六、七次訪客，當夏綠蒂下班回來，家中經常還有客人。她對這一切都耐心以對，雖然這些外來訪客剝奪了她和墨瑞相處的寶貴時間。

「……有種責任感，」她繼續說：「對的。你也知道這樣很好。」

我說：「希望如此。」

我幫忙把我這次帶來的食物放到冰箱去。廚房流理台上擺滿各種字條、留言、資料、醫藥處方等。餐桌上瓶瓶罐罐的藥比以前更多了，有墨瑞的哮喘藥、安眠藥、抗生素等，還有一罐特別處方奶粉，以及通便劑。我們聽到客廳另一頭的開門聲。

「客人大概走了……我們去看看。」

夏綠蒂回頭看了一眼冰箱中堆滿的食物，我突然感到很慚愧，因為這些只會刺激墨瑞想起他已不可能再大快朵頤了。

墨瑞病情惡化的徵兆與日俱增。當我終於在他身邊坐下來，他咳得比以往都厲害，那是一種挖心掏肺似的乾咳，迫使他頭部向前點個不停。在一陣猛咳之後，他好不容易停下來，閉上眼睛深呼吸。我安靜坐著，以為他在閉目養神。

他突然問道：「錄音機開了嗎？」眼睛仍然閉著。

我很快地說，開了，一面按下錄音機的錄音鍵。

「我現在，」他眼睛閉著繼續說：「試著超然於經驗之外。」

超然於經驗之外？

「是的，超然於物外。這很重要，不僅是對我這樣快死的人重要，對你這樣健健康康的人也很重要。要學著超然不執著。」

他張開眼睛，徐徐吐出一口氣。「你知道佛教徒怎麼說？不要執著於萬事萬物，因為萬事萬物均無常。」

我說，等等，你不總是說要體驗生命嗎？不管是好或不好的感情都一樣？

「沒錯。」

那麼，你這樣怎麼能不執著？

「啊，米奇，你腦子有在動。不執著的意思，並不是你不讓感覺經驗**穿透**你，事實上正好相反，你要讓它**完全**穿透你，這樣你才能將它放下。」

我聽不懂。

「隨便舉個例——對一個女人的愛，或失去所愛的人的悲傷，或是我現在所遭受的，因病因死而來的恐懼與痛苦。如果你壓抑情緒，不讓自己完全體驗它，你就無法不執著，因為你忙著在害怕。你害怕痛苦，你害怕悲傷，你害怕愛會帶來易受傷的心。

「但你若全心投入這些情緒，讓你自己整個人沒入其中，你就完完全全體驗到它。你就知道什麼是痛苦，你就知道什麼是愛，你就知道什麼是悲傷。唯有如此你才能說：『很好，我體驗了這個情緒，我認出了這個情緒，現在我需要從中脫身。』」

墨瑞停下話，端詳了我一番，大概是看我有沒有聽懂。

「我知道你覺得這只是快死的人所說的話。」他說：「但就像我一直跟你說的，一旦你學到如何死亡，你就學到如何活著。」

墨瑞談到他最感恐懼的一些時刻，他哮喘嚴重發作時覺得胸腔整個快迸裂了，或是有時他覺得一口氣幾乎上不來。他說，這是很可怕的時刻。他最初的情緒反應都是驚慌、恐懼、焦躁，然而一旦他認出這些情緒的實感，感覺到它的形質、它的濕冷、他背脊的震顫、他腦部急閃而過的熱流——這時他就可以說：「很好，這就是恐懼，現在脫離它，脫離它。」

我思考著在我們日常生活中，這個作法能有多少用處。我們常感到孤寂，有時甚至就要潸然淚下，但我們總是忍住，因為大人不應該掉眼淚。或是我們對自己的伴侶會有一股突如其來的愛意，但我們口頭上不說什麼，因為我們害怕話一說出口，會使得兩人關係有所變化。

墨瑞的作法正好相反。把水龍頭打開，讓情緒沖刷你全身。不會有事的，這只會對你有益。如果你讓恐懼進來，像是穿上一件常穿的衣服，你就可以對自己說：「很好，只是恐懼而已，我不會讓自己被它主宰，我只是如實知之。」

孤寂感也一樣。你放手讓它去，讓眼淚掉下來，完全感受它，但最後你說：「很好，這是我這一刻的孤寂感。我不害怕孤寂感，但現在我要把孤寂感拋開，我曉得世界上還有許許多多情緒、感覺，我要去體驗它們。」

墨瑞重述一遍：「不要執著。」

他閉上眼睛，咳了起來。

然後又咳。

然後他還在咳，而且更大聲。

突然他像是快閉氣似的，肺部的痙攣刺激著他，大半個身子隨著劇烈咳嗽彈上彈下，幾乎喘不過氣來。他張著嘴喘氣，又劇烈咳嗽，雙手在面前揮舞——他眼睛緊閉、兩手亂揮，看來像是著了魔——我只覺得自己額頭冒出汗來。我本能地把他拉近身來，拍著他的背部，他用衛生紙捂住嘴，吐出一口痰來。

咳嗽停了，墨瑞倒回他的泡棉枕頭，大口喘著氣。

我說：「你沒事吧？你還好吧？」想要掩藏我心中的恐懼。

「我……沒事，」墨瑞氣若遊絲，一邊顫抖著伸出一根手指：「只要……等我一分鐘。」

我們安靜坐著，直到他的呼吸回復正常。我感覺到自己滿頭是汗。他要我把窗戶關上，吹進來的微風讓他覺得冷了。我沒提外面氣溫有二十六、七度。

最後，他輕輕說：「我知道自己想死。」

我默不吭聲聽著。

「我想要平靜死去，安安靜靜的。不要像剛剛那樣。」

他繼續說：「這時候就要不執著。如果我像我剛剛那樣猛烈咳著死去，我得要能夠置身於恐懼之外，我得要能夠說：『我的時候到了。』

「我不想在驚懼之中離開這個世界。我要知道事情是怎麼著，接受它，心中平靜下來，撒手而去。你了解嗎？」

我點點頭。

我很快加上一句說，別那麼快撒手。

墨瑞擠出一個微笑。「不會，還沒。我們還有事要做。」

我問，你相信輪迴嗎？

「也許吧。」

你投生的話想做什麼？

「如果可以選擇的話，我要做隻羚羊。」

羚羊？

墨瑞對著我微笑。「你覺得很奇怪？」

我端詳著他縮皺的面龐，他身上鬆垮垮的衣服，他那雙穿著長襪、僵硬而無法移動分毫的腳。我想像著羚羊奔馳過荒野的景象。

我說，不會，我一點都不覺得奇怪。

有關老師，之三

如果墨瑞沒有在一家精神病院做過幾年事，他大概就不會是我所認識的墨瑞，也不會是大家所認識的墨瑞。這家精神病院位於華盛頓特區市郊，叫作「栗樹居」，聽名字誰也想不到是家精神病院。這是墨瑞經過數年苦讀，在芝加哥大學取得碩士及博士學位後，最早從事的幾個工作之一。他捨醫學、法律或企管不讀，而認為學院研究這條路可以讓他為社會盡一分力，又不會剝削他人。

墨瑞拿到一筆獎助金，到精神病院去觀察病人，將其療程做成記錄。這樣的工作如今並不以為怪，但在一九五〇年代初期，可說是相當創新之舉。墨瑞觀察的病人，有的是整天尖叫不停，有的整晚哭個不停，有的把自己的內衣褲弄得髒臭不堪，有的死也不肯吃東西，得要人家將他制伏後施以鎮靜劑，然後再打營養針。

有個中年婦女病人，每天從房間出來後，就臉朝下躺在地磚地板上，一待好幾個小時，醫生及看護就從她身上跨過去，看得墨瑞瞠目結舌。墨瑞將他所見記錄下來，這是他去那兒的主要目的，而這女人日復一日做著同樣的事，早上出房間來就躺在地上，一躺就到晚上，不和人講話，人家也對她視而不見。這讓墨瑞感到很難過，因此他開始坐在她旁邊的地上，甚至和她並排而躺，試著讓她脫離這種狀態。最後，他終於讓她坐起身來，甚至回到自己房間去。他發現，她所要的東西和大多數人一樣，那就是要讓別人注意到她的存在。

墨瑞在栗樹居工作了五年。儘管院方並不鼓勵，但他和若干病人做了朋友。其中一名婦人還跟他開玩笑說，她能住在這裡算是很幸運。「因為我丈夫很有錢，他付得起。你想想看，我若是住到那些便宜的醫院去，會怎麼樣？」

另一名婦女見到人就吐口水，但她接受了墨瑞，把他當朋友看。他們每天閒聊，院方也慶幸總算有人可以和這女人溝通了。但是有一天這婦人偷跑出去，院方要求墨瑞幫忙把她帶回來。結果他們在附近一家商店找到她。當墨瑞走進商店，看見這婦人躲在店鋪後面，兩眼像要冒出火似的瞪著他。

婦人咆哮著說：「原來你也是他們一夥的。」

「誰一夥的？」

「鬮我的人一夥的。」

墨瑞看到，這些精神病患多數都被人排斥或離棄不顧，他們在別人眼中彷彿並不存在。他們也想要別人的同情憐恤，但醫院人員總是很快就失去耐心。不少病人出身良好，家中很有錢，但有錢並未給他們帶來快樂或滿足。這是墨瑞學到的難忘一課。

我以前常會取笑墨瑞，說他的思想停留在一九六〇年代。他會回答，和我們現在這個時代比較起來，六〇年代也沒什麼不好。

在精神病院的工作經歷之後，墨瑞在五〇年代末期來到布蘭迪斯任教。短短幾年間，這個大學校園成為文化革命的溫床。毒品、性愛、種族問題、反越戰示威。艾比・霍夫曼（Abbie Hoffman）在布蘭迪斯就讀，傑瑞・魯賓（Jerry Rubin）及安琪拉・戴維斯（Angela Davis）也是。像這些「激進」的學生，墨瑞班上有不少。

學校裡會這樣，一個原因是社會學系的教授不僅教書，還身體力行。這些教授不消說是激烈反戰的。當教授們得知，學生成績若沒有達到一定標準，兵役緩徵就可能被取消而必須入伍，教授們便決定，不打分數。這時校方說：「你們若不為學生打分數，他們就全部被當。」墨瑞因此想出一個辦法，「那就給學生全部打九十分」。教授們就這麼做了。

六〇年代的大學校園風起雲湧，墨瑞社會學系的教員們，也都感染了開放的氣息，他們教課時穿的是涼鞋與牛仔褲，並把課堂看作是一個活生生的論壇。他們以課堂討論替代講課，以實際經驗替代枯燥理論。他們讓學生到美國南方去從事民權計畫，或是到貧民街區去做田野調查。他們到華府參加示威遊行，墨瑞經常和學生坐同一輛巴士去串聯。一次他看到幾個穿著飄逸長裙、披戴七彩珠串的女孩子，在軍人的步槍口插上花朵，然後圍坐在草坪上，大家手牽手、心連心，想要以念力讓國防部五角大廈浮起，墨瑞不禁莞爾。

他後來說：「五角大廈還是不動如山，不過她們的勇氣可嘉。」

又有一次，一群黑人學生佔據了布蘭迪斯校園的福特堂，掛出一幅布條，寫著：「馬爾康．X（Malcolm X，譯註：美國黑人民權領袖）大學」。福特堂裡面有化學實驗室，校方有人因此擔心，這些激進學生在裡面偷偷做炸彈。墨瑞並不這麼認為，他一眼就看到問題的核心，這些學生只是想證明他們不容輕忽罷了。

這場對峙持續了好幾個星期，原本還要僵持下去，但這天墨瑞走經大樓外，有個抗議學生看見他平時喜歡的這位教授，就高喊要他從窗戶爬進來。

一個小時後，墨瑞從窗戶爬出來，帶著示威者列出的一份要求條件書。他把條件書交給校長，僵持情勢終於得以化解。

墨瑞總是可以為人帶來和平。

在布蘭迪斯，他教的課包括社會心理學、精神疾病與保健、團體過程等。這些課程沒有太多現在所謂的「謀生技能」，卻很著重「個人發展」。

也就因此，如今的企管和法律學生，可能會覺得墨瑞太過天真，可能會問：他的學生畢業後能賺多少錢？他們打贏了幾場有利可圖的官司？

但是話說回來，有多少企管或法律學生，畢業後還會回去看他們的老教授？墨瑞的學生常常回來探望恩師。在墨瑞生命最後幾個月，他們都回來了。數以百計的學生，遠從波士頓、紐約、加州、倫敦、瑞士而來，有的在大企業做事，有的在內陸城市教書。他們打電話請安，寫信來慰問。他們開了幾千幾百公里的車，特地前來探望，聽他的隻字片語，看他面露笑容。

他們眾口一聲說：「再沒有別的老師像你這樣。」

隨著我固定去看墨瑞，我開始找有關死亡的書來看，看各種不同的文化是如何看待人生的最後一程。北美洲極地有個原住民種族，他們相信，世上萬物的形體之內，都有個小小的靈魂，也就是鹿體內有隻小小的鹿魂，人體內也有個小小的人魂。當外在形體死去，小小靈魂仍然活著，它可能在附近一帶投胎轉世，或是升天暫時歇息，住在「天后」的腹中，等月亮重新將它送回人世。

族人傳說，有時月亮忙著應付這些升天的靈魂，因此只好從天空中告假消失，這就是為何有些晚上看不到月亮。但到最後，月亮總會再露臉，我們也都會重回人世。

他們對此事深信不疑。

第7個星期二
擁抱衰老

墨瑞打了敗仗。如今他得靠人為他擦屁股。

他用他一貫的坦然態度，接受了這個事實。有天他上完大號後，再也無法把手伸到後面去，他向康妮說明他最新的這項不便。

「妳替我做這件事會不會尷尬？」

她說不會。

他先徵詢了她的意見，這是他的一貫作風。

墨瑞承認，一開始實在是不習慣，因為這可說是他對病情的徹底投降。一個人最基本的個人隱私，他都被剝奪了——上廁所、擤鼻涕、清洗下體等。除了呼吸及吞嚥食物之外，如今他什麼事都得靠人家來做。

我問墨瑞，他是怎麼承受這一切卻仍對人生樂觀。

「米奇，說來有趣。」他說：「我是生性獨立的人，因此我總會抗拒這一切——下車要人攙扶、穿衣服要靠別人等等。我感到有些羞恥，因為我們的文化告訴我們，如果我們不能自己擦屁股，是件丟臉的事。但慢慢，我想：**別去管我們的文化怎麼說，我大半輩子都是對這個文化置之不理。我才不去感到羞恥。這有什麼大不了的？**

「而你曉得怎麼著？奇怪的事發生了。」

什麼奇怪的事？

「我開始享受自己依靠別人。如今當他們把我翻過身去，在我屁股塗上藥膏以防止紅腫發炎，我覺得很享受。或是當他們擦拭我的額頭，或是按摩我的腿，我享受極了。我閉上眼睛，沈浸其中。這些讓我覺得似曾相識。

「這很像是回頭當個小孩。有人幫你洗澡，有人把你抱起來，有人幫你擦拭。我們都知道怎樣當一個嬰孩，每個人心中都有一個小孩。對我來說，這只是回想起如何享受它。

「事實上，當媽媽抱著我們、搖著我們、摸著我們的頭——我們從來是怎麼也不嫌多。我們都以某種方式，渴望重回那些自己完全受人照顧的日子——無條件的關愛，無條件的照顧。我們大都覺得不夠。

「我知道自己就覺得不夠。」

我看著墨瑞，突然明白他為何很喜歡我傾身向前調整他的麥克風，翻整他的枕頭，或是擦拭他的眼睛。人與人之間的接觸。七十八歲的他，施之於人時他是長者，受之於人時他是嬰孩。

過了不久，我們談到衰老這件事。或者應該說是談到對衰老的恐懼，這是我那份清單上另一個讓我們這一代傷腦筋的項目。我從波士頓機場開車前來的路上，一路數著有多少廣告看板上畫著年輕的俊男美女。有個帥哥頭戴牛仔帽、口叼香菸；兩個美人兒拿著洗髮精巧笑倩兮；一個一臉酷相的少女穿件褲頭外翻的牛仔褲；一個穿著黑色天鵝絨禮服的性感女人，旁邊是位西裝筆挺的男士，兩人啜著一杯蘇格蘭威士忌。

我看到的廣告人物，沒有一個超過三十五歲。我跟墨瑞說，我覺得自己體力已在走下坡，雖然我奮力想要保持在巔峰。我習慣上健身房，很注意自己的飲食，照鏡子總不忘看前額髮線是否向後退。我以前還會傲然提到自己的年齡，因為我年輕就事業有成。如今卻避談此事，因為我已逼近四十大關。這在我這一行是應該見好就收的年紀。

墨瑞對年老自有一番見解。

「賣弄年輕的這一切——我不吃這一套。」他說：「聽著，我知道年輕有時是很悲慘的事，所以別跟我講年輕多好多好。那麼多年輕人來見我，帶著他們的掙扎、他們的辛酸、他們的自卑、他們對生命的絕望，痛苦到幾乎想自殺……

「除了這些痛苦之外，年輕人也不懂智慧，他們對生命了解甚少。你若不知道生命是怎麼回事，這樣過日子又有什麼意思？當你受別人操縱，叫你買這個香水你就會美麗，或是買這條牛仔褲你就會性感——而你還相信他們！真是胡扯。」

我問，你難道**從來**不怕老嗎？

「米奇，我**擁抱**年老。」

擁抱年老？

「很簡單。你年紀愈大，就懂得愈多。如果你一直是二十二歲，你就會一直像二十二歲那麼無知。年老並不只是衰老。它是成長，它不只有你年復一年離死愈近的消極面，年老也有你了解到你將要死亡的積極面，因此你更懂得好好過活。」

我說，對，但若年老如此可貴，為什麼人們總是說：「唉，真希望我還年輕。」沒有人會講：「真希望我已經六十五歲。」

他微微一笑。「你知道這代表什麼？這是對生命的不滿意，對生命的抱憾，沒有找到生命的意義。因為你若找到了自己生命的意義，你不會願意重新來過，你會想要繼續向前。你想要看得更多，做得更多。你等不及要到六十五歲。

「聽著。你應該知道才是。所有的年輕人都應該知道才是。如果你一直不想變老，你就會一直不快樂，因為你還是會變老。

「還有，米奇？」

他壓低了聲音。

「說真的，**你**總有一天會死去。」

我點點頭。

「你怎麼對自己說都沒用。」

我知道。

「不過，」他說：「希望這一天還很遠，很遠。」

他閉上眼睛，神情顯得平和，然後要我幫他調整一下靠枕。他的身體姿勢一直需要調整，不然會不舒服。他的躺椅上有白色枕頭、黃色泡棉及藍色毛巾。乍看之下，會以為墨瑞像是要被打包起來運出去。

我移動調整了枕頭。他低聲說了：「謝謝。」

我說，不謝。

「米奇，你在想些什麼？」

我想了一下才回答他。我說，我在奇怪你為什麼不會羨慕比較年輕、健康的人。

「噢，我想我是羨慕的。」他閉上眼睛。「我羨慕他們可以上健身房，可以去游泳，或是跳舞。尤其是跳舞。但羨慕感生起，我感覺了它，然後就讓它去。記得我說過的不執著。讓它去。告訴自己『這是羨慕感，我現在要把它丟開了』，然後就抽開身。」

他咳嗽起來，咳得又久又難受，最後用衛生紙按在嘴邊，虛弱地吐出一口痰。我坐在旁邊，覺得自己比他強壯太多，多得可笑，彷彿我可以把他舉起來，像扛麵粉袋一樣把他丟上肩頭。我對自己這點優勢感到難為情，因為在其他任何方面，我都不覺得自己比他優越。

你為什麼不會羨慕……

「什麼?」

我?

他微微一笑。

「米奇，老年人不可能不羨慕年輕人。但重點是接受你之為你，並且樂在其中。現在是你三十幾歲的時候，我自己也有三十幾歲的時候，而現在是我七十八歲的時候。

「你得要找到像你現在生命中這樣的善、真、美。回顧過去讓你滿懷鬥志，但年紀不是與人拚鬥的事。」

他吐出一口氣，兩眼低垂，彷彿看著自己的氣息消散於空中。

「說真的，我身上可以找到每個不同的年齡。我是三歲大，我是五歲大，我是三十七歲大，我是五十歲大。我活過這些年紀，我知道箇中滋味。應該做小孩的時候，我高高興興做小孩。應該做智慧老人的時候，我高高興興做智慧老人。想想我能做多少不同年紀的人！我擁有每個年紀，一直到我現在的歲數。你懂嗎？」

我點點頭。

「我自己也活過你這個年紀，我又怎麼會羨慕你呢？」

「命運凌越眾生，
人陷己於死地。」

——奧登，墨瑞最喜愛的詩人

第8個星期二
金錢無法替代溫柔

我拿起報紙來，好讓墨瑞看到上面的標題：

我不希望我的墓誌銘中說：「我的企業旗下沒有無線電視台。」

墨瑞笑了起來，搖著頭。清晨的陽光從他背後的窗戶射進來，照在窗台上芙蓉盆栽的粉紅花朵上。這標題引述的是泰德．透納（Ted Turner）的話，這位媒體大亨是有線電視新聞網（CNN）的創辦人，他最近想要購併哥倫比亞廣播公司（CBS）未果，因此喟然興歎。我這天早上把這條新聞拿給墨瑞看，因為我在想，如果透納變得和我的老教授一樣，氣息日促一日，身軀硬化麻木，來日屈指無多——如果這樣的話，他還會悲歎自己未曾擁有無線電視台嗎？

「米奇，這還是同樣的老問題。」墨瑞說：「我們把目標放在不對的地方，這導致了對人生的幻滅。我想我們該談談這一點。」

墨瑞的神思很清楚。他的情況時好時壞，而今天他的狀況顯然不錯。前一晚，當地一個清唱合唱團特地來他家演出，他掩不住興奮，講述了整個經過，彷彿這是最盛大的音樂演出。墨瑞生病前就熱愛音樂，如今更是強烈，聽音樂時常讓他熱淚盈眶。有時他在晚上聽歌劇，會閉上眼睛，整個人隨著劇情起伏和歌聲跌宕而神遊其間。

「米奇，你真該聽聽他們昨晚的演唱，真是美如天籟！」

墨瑞一向沈醉於美好簡單的感官饗宴，像是唱歌、歡笑、跳舞。如今他這種愛好更勝以往，物質界的事物對他似已了無意義。我們聽到有人死去時，常會說「生不帶來，死不帶去」，墨瑞似乎早就對此了然於心。

「我們國家進行著一種洗腦。」墨瑞歎口氣：「你知道他們怎麼洗腦嗎？他們把某件事一說再說、一再重複，我們國家做的就是這碼子事。擁有東西是好的，賺更多錢是好的，置產愈多愈好，商業行為愈多愈好。**多就是好。多就是好**。我們對自我灌輸，也讓別人對我們灌輸，一而再，再而三，直到沒有人會再有別種想法。一般人都被這一切蒙蔽了，他根本看不到什麼才是真正重要的。

「我這輩子不管在哪，碰到的人都是想東想西、要這要那。想要一輛新車、想要一間新房子、想要最新的玩具。然後他們會迫不及待告訴你：『你知不知道我買了這個？你知不知道我買了那個？』

「你知道我怎麼解讀這情況？這些人都是渴望為人所愛，才拿這些東西做替代。他們擁抱物質，以為這樣自己就獲得擁抱，但這樣做沒有用。物質的東西永遠無法取代愛，或是溫柔，或是親切，或是同胞手足之感。

「金錢無法替代溫柔，權力也無法替代溫柔。我坐在這裡，離死不遠，可以坦白告訴你，當你最需要溫柔的時候，不論你有多少的金錢或權力，都無法給你那種感覺。」

我在墨瑞書房中遊目四移，書房和我第一次來時沒有什麼兩樣。書本一樣整齊排在書架上，同樣那張舊書桌上堆著許多文件資料。外面的其他房間，也一直沒有整修或更新過。事實上，墨瑞許久以來都未曾買過什麼新的東西（醫藥設備除外），也許已經好幾年了。墨瑞得知自己得了不治之症的同一天，他也失去了購買欲望。

所以呢，電視還是那台舊電視，夏綠蒂開的還是那輛舊車，碗盤、銀餐具、毛巾等——都是舊東西。但這個家已有了驚人的改變，這裡面充滿愛，充滿教導與溝通。這裡充滿友情、親情、真心話與真心淚。這裡充滿著同事、學生、靜坐老師、治療師、看護及清唱合唱團。這裡扎扎實實變成一個富裕之家。雖然墨瑞銀行帳戶的錢，正急遽減少。

「在我們這個國家，對於我們**想要**的東西或我們**需要**的東西，常常分不清。」墨瑞說：「你**需要**食物，你**想要**一客巧克力聖代。你必須對自己誠實。你不需要最新款的跑車，你不需要占地最廣的房子。

「說真的，你無法從這些東西獲得滿足。你知道什麼才能真正給你滿足嗎？」

什麼？

「不吝將自己擁有的東西與人分享。」

聽來像是童子軍的座右銘。

「米奇，我指的不是錢，我指的是你的時間、你的關懷、你的報導才能。這不難。這附近開了一家老人活動中心，幾十個老人家每天都去那裡聚會。如果你年輕又有所長，他們希望你去發揮所長。例如你懂電腦，你可以去那裡教他們電腦，他們十分歡迎你，對你心存感激。你就這樣開始贏得人家的敬重，和別人分享你所擁有的東西。

「有很多地方可以讓你這樣做，你不需要具備太大的才能。醫院和收容所裡有許多孤單的人，他們要的只是有人作伴兒。你和一個孤單老人玩玩牌，你就贏得新的自尊，因為有人需要你。

「記得我說過要找尋生命的意義？我把我的話寫了下來，現在我都背得出來：要投入去愛人，投入去關懷你周遭的人，投入去創造一些讓你活得有目的、有意義的事情。

「注意，」他做了個鬼臉：「這其中沒有提到賺錢。」

我忙著在一本筆記簿上寫下墨瑞說的話。我這樣做，主要目的是不想讓他直視我的眼睛，看出我在想什麼，因為我畢業這麼多年來，幾乎都在追求他所批評的這些——更大的玩具、更好的房子。我的工作是追逐有錢有名的運動員，因此我說服自己，我的物質欲望都不過分，我的貪婪比起他們不算什麼。

這只是種障眼法，墨瑞已經講得很清楚。

「米奇，如果你是要炫耀給上面的人看，還是算了吧，他們終究只會看不起你。如果你是要炫耀給底下的人，也算了吧，他們只會嫉妒你。身分地位不能帶給你什麼，唯有開闊的心，才能讓你和所有的人自在相處。」

他停下話來，兩眼直望著我。「我快死了，對不對？」

對。

「你覺得我為什麼非要傾聽別人心裡的疑難雜症不可？我自己捱受的苦痛難道還不夠嗎？

「我吃的苦頭當然已經夠多，但我對別人付出，才會讓我覺得自己活著。我的車或我的房子，我照鏡子是什麼模樣都不重要。當我付出自己的時間，當我可以讓人破涕為笑，我會覺得自己健健康康，和一般人沒有兩樣。

「去做出自你真心的事情。這樣去做的話，你不會感到失落，不會感到嫉妒，不會羨慕別人擁有的東西。相反地，你會覺得一切付出，自有莫大回報。」

他咳起來，伸手去拿椅子上那個小搖鈴。他伸手抓了幾次都沒抓著，最後我將搖鈴拿起來，交到他手上。

「謝謝。」他低聲說。他無力地搖了鈴，想要把康妮叫來。

「這個泰德．透納，」墨瑞說：「他覺得自己的墓誌銘沒別的好寫嗎？」

「我每晚入睡，就是死去。我每日醒來，就是重生。」

——印度聖雄甘地

第9個星期二
愛

樹葉開始變色，我開車前往西紐頓的路上，金黃與紅褐一片，美不勝收。在底特律，報社的勞資對峙還在拖，雙方都指控對方沒有溝通誠意。電視新聞看了一樣叫人氣餒。在肯塔基州鄉間，三名男子把一塊墓碑從公路橋上丟下去，砸中一輛路過車子的擋風玻璃，造成一名少女喪生，車上的一家人當時是前往宗教朝拜途中。在加州，辛普森殺害前妻疑案的審判已經接近尾聲，全美國幾乎都著魔了。機場裡高掛的電視機，播放著CNN新聞，讓你在登機之前，還能得知最新的審判進展。

我幾次打電話給在西班牙的弟弟，留話給他，說我真的有事要跟他講，關於我們兄弟間的事，我想了不少。幾個星期後，我收到他短短一則留言，說他一切安好，但是抱歉，他實在不想談他生病的事。

對我的老教授來說，可不是談生病這回事，而是這場病正逐日奪走他的生命。我上次探視之後，護士來了，在他陰莖上裝了條導管，把他的尿導到放在椅腳邊的尿袋。他的腳時時需要注意（他的腳不能動，但仍感覺到痛，這是ＡＬＳ另一個殘酷的小小諷刺），因為他雙腿若不以固定高度懸在泡棉墊上，就會感覺有人用叉子戳他一樣刺痛。墨瑞常常講話到一半，就得要求訪客幫他稍微調整腿的姿勢，或是頭部，使之更穩穩地窩在枕頭凹陷中。你能想像自己連頭部都無法移動嗎？

我每次去看他，都覺得他像是更加軟癱在躺椅上，脊椎骨整個貼在躺椅曲線上。但是他仍然堅持要別人每天早上把他從床上抬起來，放在輪椅上，推到他的書房，安置在躺椅上，四周是他的書籍、文件，以及窗台上的芙蓉盆栽。他不改本色，對這件事也能說出一番道理。

他說：「我想出一句話，可以總括這一切。」

說來聽聽。

「躺在床上，你等於已經死了。」

他露出微笑。只有墨瑞對這樣的事還笑得出來。

《夜線》節目的工作人員，以及泰德·卡柏本人都打過電話給他。

「他們想再來做一次訪問。」他說：「不過他們說再等一會。」

等什麼？等你快要嚥下最後一口氣？

「也許吧。無論如何，這一刻不遠了。」

別這麼說。

「很抱歉。」

我不太喜歡這樣，因為他們在等你進一步癱瘓。

「你不喜歡這樣，因為你關心我。」

他面帶微笑。「米奇，也許他們在利用我製造戲劇感。這沒關係。或許我也在利用他們幫我把訊息傳達給千百萬民眾，我自己做不到這一點，對吧？所以這是兩全其美之計。」

他咳嗽起來。這變成一陣又長又難過的乾咳，最後才在他捏縐的衛生紙上吐出一口痰。

「不管怎樣，」墨瑞說：「我叫他們別等太久，因為到時我連聲音也沒了。這玩意兒侵襲到我的肺時，我可能連說話都辦不到。我現在已經沒辦法講太久的話，不時要休息才行。我已經回掉了不少想來看我的人。米奇，那麼多人要來，但我太累了。如果我的心神無法集中，我就無法給別人必要的幫助。」

我看著我的錄音機，覺得有點罪惡感，彷彿我偷取了他所剩無多的寶貴說話時間。

「我們該打住嗎？」我問：「這樣是不是讓你太累了？」

墨瑞閉上眼睛，搖搖頭。他似乎是在捱著，等身上不知哪裡的痛過去。「不行，」終於他說：「你和我得繼續下去。你也曉得，這是我們的最後一篇論文。」

我們的最後一篇論文。

「我們要好好幹才行。」

我回想起我們在大學時共同進行的第一篇論文。當然啦，那是墨瑞出的主意。他說我成績很好，可以寫篇論文榮譽畢業，我本來壓根兒沒想到要這樣做。

如今我們師生重聚，又再進行同樣的事。一開始只是個想法，由一個垂死的老人，向我們這些活得好好的人娓娓訴說我們應該要知道的一些事，只是這次我一點也不急著把論文寫完。

墨瑞說：「昨天有人問我一個有意思的問題。」說時，他望著我背後牆上掛的一件百衲織布，那是友人送他的七十歲大壽賀儀，每塊布片上有各個朋友祝壽的話，像是「加油，好景在望」、「墨瑞——心理健康的第一名」。

我問，是什麼問題？

「我會不會擔心自己死後被人淡忘？」

哦？你會嗎？

「我不認為我會。我曾和那麼多的人有過深刻又親近的交往。愛讓你活在人間，就算你死了也活著。」

聽來倒像是句歌詞——「愛讓你活在人間」。

墨瑞莞爾一笑。「也許吧。不過米奇，我們進行的這些談話，你回家後，心中不會不時出現我的聲音嗎？當你一個人的時候？也許坐飛機的時候？也許在車上的時候？」

我承認，會的。

「那你就不會等我一死就忘記我。你想到我的聲音，我就還活著。」

想到你的聲音。

「如果你覺得想哭，也沒有什麼關係。」

墨瑞。從我大一以來，他就一直想叫我哭，他老說：「總有一天我會讓你懂得。」

我會回答，是啊，是啊。

他說：「我決定了自己墓碑上要刻什麼。」

我不想聽墓碑什麼的。

「為什麼？你聽了不舒服？」

我聳聳肩。

「那就算了。」

不，說吧，你決定要刻什麼？

墨瑞鼓起唇來。「我想到這句話：誨人不倦，至死方休。」

他等著我把這句話咀嚼一遍。

誨人不倦，至死方休。

他問：「如何？」

很好，我說，非常好。

每次我走進房間時，墨瑞臉上露出的微笑，總讓我覺得如沐春風。我知道不是只有我來時他才這樣，但他就是有這種本領，讓每個訪客覺得，這個微笑只對他一人而發。

他見到我時，會用他那略微含混但高音調的聲音說：「啊，是我的老弟。」這打招呼還只是個開始。當墨瑞和你在一起，他是真的和你在一起。他會直直看進你眼裡，聆聽你講話，彷彿全世界只剩下你們兩個人。如果我們每天早上第一個碰到的，不是女侍、公車司機或老闆的臉色，而是像墨瑞這樣的人，世界會變得多美好。

「我相信人要全神投注。」墨瑞說：「這是說，你應該和你眼前的人**同在**。米奇，我現在和你講話時，我試著全心放在我們之間的溝通上。我沒有想著我們上星期講的話，沒有想著這禮拜五有什麼事，沒有想著要再上一次卡柏的節目，或是想著我待會兒得吃些什麼藥。

「我現在跟你講話，想的就只有你。」

我想起他在布蘭迪斯大學教團體過程的課時，就講過這個理念。我當時心裡暗笑，覺得這算什麼大學課程。學習如何專心？這有什麼大不了的？如今我才曉得，這比大學教的任何東西幾乎都重要得多。

墨瑞示意要我把手給他，當我伸出手去，覺得心裡湧起一股罪咎感。我眼前這個人，其實可以時刻活在自憐中，感覺自己的身軀日漸委頓，數著自己所剩無多的氣息。許多人的問題小得多，但他們太過自我，如果你跟他們講話超過半分鐘，他們的眼神就變得飄忽，腦子裡開始想別的事，要打電話給朋友、要發張傳真、想著自己的愛人。非要到你講完話，他們才會突然恢復注意力，說聲「嗯哼」或「是啊」，心不在焉回到這一刻。

「米奇，問題就在於大家都是急急忙忙。」墨瑞說：「人們沒有找到自己生命的意義，所以他們到處奔忙，忙著找尋。他們想著下一輛車、下一棟房子、下一個工作。然後他們發現，這些東西也都是空虛，他們又繼續奔忙。」

我說，一旦你開始奔忙，就很難慢下來。

「也沒那麼難。」他搖著頭說：「你曉得我怎麼做？我還能開車的時候，若有人想超我的車，我會舉起手來……」

他試著做這個動作，但他的手只能微微抬高十幾公分。

「……我會舉起手來，像是要對後方表示『不行』，但接著我手一揮，露出微笑來。你不是對他們比出手指，而是讓他們過，而你臉上還帶著微笑。

「結果你知道嗎？他們經常會回你微笑。

「說真的，我開車不必那麼趕。我寧可把力氣花在人身上。」

說到這件事，他做得比我認識的所有人都要好。別人和他談到什麼悲慘的事時，他的眼眶會變得濕潤，而當他們講了什麼不好笑的笑話，他縮皺的臉上也是堆滿笑意。我們嬰兒潮這一代所欠缺的感情，他總是不吝於形諸顏色。我們都很會閒話家常：「府上哪裡啊？」「在哪裡高就？」但要**真的**聆聽別人的話，而不是想要向對方推銷什麼，不是要誘其入彀，不是要收買人心，或是滿足自己的什麼虛榮感——我們如今還有多少這樣單純的時刻？我相信，墨瑞生命最後幾個月中登門造訪的許多客人，有不少不只是出於他們對墨瑞的關心，更是為了領受墨瑞對他們的關心而來。這個瘦小老人承受著病痛死苦，但他們從他那邊得到他們一直想要的東西，也就是一個可以傾聽他們心聲的人。

我跟他說，他是大家心目中理想的父親角色。

他閉上眼睛，說：「這個我倒是有著切身經驗……」

墨瑞最後一次見到父親，是在殯儀館中。查理．史瓦茲生性沈默，他習慣在布朗克斯區特瑞蒙大道的路燈下，獨自看著報紙。那時墨瑞還小，查理每天吃完晚飯後，都會出去散步。他的個子矮小，和許多俄羅斯人一樣，臉色紅潤，滿頭灰髮。墨瑞和弟弟大衛從窗子望出去，可以看到他背靠著街燈讀著報紙，墨瑞心裡多希望他會進屋子來陪他們說話，但他幾乎從未這樣做。他更不會送他們上床，吻他們的額頭道晚安。

墨瑞對自己發誓，如果自己以後有了孩子，他一定要好好疼愛他們，為他們做到這些事。多年後他結婚生子，果然說到做到。

墨瑞扶養著兩個孩子的同時，查理仍然住在布朗克斯區，他一樣吃完晚飯出去散步，一樣讀著他的報紙。一晚他如常出去散步，結果在離家幾個街口的地方，兩個搶匪找上了他。一名搶匪拔出槍來，喝道：「把錢拿出來！」

查理嚇得魂飛魄散，把錢包拿出來一丟，拔腿就跑。他跑過好幾條街道，一直跑到一個親戚家門口才停下來，癱倒在門廊上。

他心臟病發作，當晚就病故了。

墨瑞被通知來認屍。他飛到紐約，來到市立殯儀館，工作人員引他走下樓梯，來到寒氣逼人的停屍間。

工作人員問：「這是你父親嗎？」

墨瑞看著玻璃櫃中的屍體，裡面的這個人，就是曾經責罵他、扶養他、教他謀生的人，這人在墨瑞渴望他隻字片語時悶聲不吭，在墨瑞憶念亡母時卻要他將她忘懷。

墨瑞點點頭，然後離開。他後來說，陰森可怖的停屍間讓他腦中一片空白，直到好幾天後，他才為父親流下眼淚。

儘管如此，墨瑞父親的死，還是讓他為自己的大限之日做了心理準備。他知道一件事，他要和家人朋友握手談笑、拍肩吻頰，這些他無法和自己父母做到的事，他絕不再留下遺憾。

當臨終的一刻來臨，墨瑞希望自己所愛的人都在身邊，讓他含笑離去。他不要接到一通電話或一封電報，或是只能在冰冷陰森的地下室，透過玻璃櫃見他最後一面。

在南美洲雨林中，有個迪沙納族，族人認為，世界萬物之間的能量固定不變且相互交流。也就是說，有人生必有人死，有人死必有人生，這樣世界上的能量就永保充盈滿沛。

迪沙納族打獵以果腹時，相信自己所殺的動物會在靈界留下缺口，但這些迪沙納獵人死去時，其靈魂就將填滿這些缺口。要是沒有人死去的話，就不會有新生的鳥獸或游魚。我喜歡這種世界觀，墨瑞也是。他愈接近告別之日，就似乎愈感覺到我們都是同一個林子裡的生物，我們取之於自然，也要回報給自然。

他說：「這樣才公平。」

第10個星期二
婚姻

我帶了一位客人來見墨瑞，是我太太。

我第一次來訪，他就在問了。「我什麼時候可以見到潔寧？」「你什麼時候帶她來？」我一直有理由推託，直到幾天前我打電話給他，問候他情況如何。

墨瑞花了一會工夫，才來到電話旁邊。我聽到電話那端一陣摸索的雜音，有人為他拿著話筒。他已連拿話筒的力氣都沒有。

他氣息微弱地說：「嗨。」

教練，你還好吧？

我聽到他粗濁的呼氣聲。「米奇……你的教練……今天不怎麼好……」

他睡得愈來愈糟，幾乎每晚都需要氧氣罩，咳嗽起來也令人看得心驚。他有時一咳就是一個小時，自己都不曉得是不是停得下來。他總是說，病情蔓延到肺部時他就完了，如今我想到死神已近在咫尺，不禁打了個寒顫。

我說，我星期二去看你，到時候你會好得多。

「米奇。」

什麼事？

「你太太在你身邊嗎？」

她就坐我旁邊。

「讓她聽電話，我想聽她的聲音。」

我太太比起我來，天性要和善親切許多。她從未見過墨瑞，但二話不說就拿起話筒（要是我的話，我會搖著頭低聲說：「我不在！我不在！」），才一分鐘，她就和我的老教授噓寒問暖，彷彿她從大學時代就認識他一樣。我可以感覺到這點，雖然我只聽到她說著「嗯哼……米奇告訴我……噢，謝謝……」

她掛上電話後，說：「下次我跟你去。」

事情就這麼著。

現在我們坐在他的書房裡，兩人在他的躺椅兩側。墨瑞自承是個有分寸的老風騷，儘管他不時會咳嗽中斷談話，或是得用尿壺，但潔寧的到來，似乎讓他顯得精神勝於以往。潔寧帶來我們結婚的照片，他興致勃勃看著。

「妳在底特律長大？」

潔寧說，對。

「我在底特律教過一年書，在四〇年代末。我還記得那時一件趣事。」

他停下來要擤鼻涕，我看他兩手顫抖無力，就伸出手去幫他拿著衛生紙，他微弱地擤著鼻涕。我用衛生紙輕輕按著他鼻孔，擰了一下才拿開，像個媽媽幫小孩擤鼻涕。

「米奇，謝謝。」他看著潔寧。「這個是我的好幫手。」

潔寧微微一笑。

「言歸正傳，當時大學裡我們一群學社會學的，不時會跟其他教職員玩撲克，其中有個外科醫生。一天晚上打完牌後，他說：『墨瑞，我想看你怎麼工作。』我說好啊，所以他就來到我課堂上，看我怎麼教書。

「下課後他說：『很好，現在你想不想看我怎麼工作？我今晚要動個手術。』我想禮尚往來，所以就答應了。

「他帶我到醫院去，然後說：『把手洗乾淨，戴上口罩，穿上手術衣。』接下來我只記得自己站在他旁邊，手術檯上是個女人，腹部以下全裸。他拿起手術刀，二話不說，就這麼一刀切下去！我呢……」

墨瑞的手微抬，伸出一根手指轉著圈。

「……我開始像這樣子，站都站不住，快要昏倒。好多血，噁。我旁邊的護士問：『醫生，你怎麼了？』我說：『我不是什麼鬼醫生！讓我出去！』」

我們笑了起來，墨瑞也笑了，在他微弱呼吸的容許範圍內。好幾個星期來，我是第一次聽他講這樣的故事。我心裡想著，真奇怪，以前他看著別人的病苦都差點昏倒，如今他自己病成這樣，卻能承受。

康妮敲門說，墨瑞的午餐好了。我早上買了紅蘿蔔湯、蔬菜蛋糕及希臘麵，我盡量挑最軟最容易入口的東西帶來，但這些東西對墨瑞來說仍然難以咀嚼下嚥。他現在大部分只能吃流質食物，頂多再來塊泡得軟軟的麥麩鬆餅，幾乎不用嚼就能下嚥。夏綠蒂現在都要把墨瑞吃的東西打成湯汁，讓他用吸管來喝。我還是每星期帶吃的上門，把裝東西的袋子在他面前晃晃，但我這樣做主要只是為了引他高興。我打開冰箱時，總是看到東西多得擺不下。我猜我是暗地裡希望，他有天能恢復到和我一起正常用餐，讓我看到他一邊吃、一邊講話的邋遢吃相，吃得嘴邊都沾滿食物碎屑。這想望太傻。

墨瑞說：「所以……潔寧。」

她臉上帶著微笑。

「妳真是個可人兒。讓我握妳的手。」

她伸出手去。

「米奇說妳是個歌手。」

潔寧說，對。

「他還說妳很棒。」

噢，她笑著說，才沒有，他說著玩的。

墨瑞眉毛一挑。「妳可以為我唱首歌嗎？」

自從我認識她以來，幾乎每個人都會提出這個要求。人們發現你是職業歌手時，總是說：「為我們唱首歌吧。」潔寧一向不喜在人前表現，又是個完美主義者，因此總是禮貌回絕別人的請求。我以為她這次也一樣會回絕，誰想到她已開口唱起來：

一想到你，
我就忘了自己，
忘了平常的模樣……

這是雷．諾布（Ray Noble）的歌，是標準的一九三〇年代曲目，潔寧甜美唱著，對著墨瑞眼波流轉。墨瑞再次讓我訝然，他總是可以讓別人為他打開深藏心中的感情。墨瑞閉上眼睛，沈浸在歌聲中。我太太的美妙聲音回響在房中，他臉上露出了幸福的微笑。他的身軀雖然僵硬得像個沙袋，但你幾乎可以看到他在心裡面翩然起舞。

每朵花兒都有你的臉，
星空中有你的眼睛，
只要一想到你，
一想到你，
我的愛……

她唱完時，墨瑞睜開眼睛，眼淚順頰而下。我聽我太太唱歌這麼多年來，從未有一次是像他這樣全心聆聽。

婚姻，我認識的幾乎每個人，都有婚姻問題。有人的問題是結婚，有人是離婚。我這一代的人似乎與之纏鬥不休，它就像是什麼混濁沼澤裡跑出來的大鱷魚。我已經習慣去參加婚禮，恭喜某對新人佳偶，幾年後在餐館碰到新郎，身邊坐著另一位年輕女子，他只說是朋友，我也並不太感意外。他會低聲解釋：「你也曉得，我跟誰誰誰分居了……」

我問墨瑞：我們為何會有這些問題？我等了七年才向潔寧求婚，我奇怪和我同樣年齡層的人，是不是比上一代的人要小心翼翼得多，或者只是比較自私？

「我替你們這一代的人感到可悲。」墨瑞說：「在這個文化環境中，你們滿心企望找到一個所愛的人，因為整個環境最欠缺的就是愛。但是如今的孩子可憐，不是太過自私，無法真正愛人或被愛，不然就是輿匆匆結了婚，六個月後就離婚。他們不知道自己想從對方身上得到什麼。他們不知道自己是誰——所以他們又怎麼知道和自己結婚的是誰？」

他歎了口氣。墨瑞教書這麼多年來，不知為多少對怨偶做過婚姻諮商。「這很可悲，因為找到所愛的人至關重要。你會了解到這點，特別是當你像我這樣，情況不是很好的時候。朋友很好，但晚上你咳個不停而無法入睡的時候，朋友不會在你身邊，不會陪你度過這個晚上，安慰你、照顧你。」

夏綠蒂和墨瑞從學生時代就認識，結婚至今已經四十四年。我看到他倆的相處，她有時提醒他吃藥，有時進房來拂著他頸背，或是談著兩個兒子的事。這對夫妻同進同出，時常只要對望一眼，就知道對方心裡在想什麼。夏綠蒂生性比較內向，這點和墨瑞不一樣，但我知道他很尊重她的意見，因為有時我們聊著，他會說：「夏綠蒂可能不會喜歡我講這個。」然後就住口不言。這是墨瑞唯一有話不講的時候。

「我從婚姻學到的是，」墨瑞又說：「你會受到考驗。你會發現自己是誰，發現對方是誰，以及兩人如何相處，或發現兩人處不來。」

是不是有什麼法則，可以告訴你兩個人是否適合結婚？

墨瑞微微一笑。「米奇，事情沒這麼簡單。」

我知道。

「不過，」他說：「我知道愛情和婚姻有幾條不變的法則：如果你不尊重對方，你會有很大的麻煩。如果你不懂得如何折衷，你會有很大麻煩。如果你們之間不開誠布公，你會有很大麻煩。而如果你們的生命沒有相當的共同價值，你會有很大麻煩。你們要有相近的價值觀。

「米奇，你曉得什麼價值觀最重要？」

什麼？

「相信婚姻的重要性。」

他吸了口氣，閉上眼睛片刻。

「就我個人而言，」他呼出氣說，眼睛仍然閉著：「我覺得婚姻是很重大的事情，如果你不去嘗試的話，會是莫大的損失。」

他引述了他喜歡的那句詩，結束了這個話題：「不相愛，即如死滅。」他吟這句詩有如在祈禱。

我跟墨瑞說，好，有個問題。他枯瘦的手指拿著眼鏡橫在胸前，胸膛隨著濁重的呼吸一起一伏。

「什麼問題？」

記得〈約伯記〉？

「《聖經》裡的〈約伯記〉？」

對。約伯是個好人，但上帝讓他受盡苦難，好試探他的信仰。

「我記得。」

奪走約伯所有的一切，他的房子、他的財富、他的家庭……

「他的健康。」

讓他生病。

「試探他的信仰。」

對，試探他的信仰。所以呢，我在想……

「你在想什麼？」

你對這個有何想法？

墨瑞劇烈咳嗽起來，他兩手軟垂身側，隨著每次咳嗽而震顫。

「我覺得，」他露出微笑說：「上帝做得過火了。」

第11個星期二
不要為文化所欺騙

「再用力。」

我拍著墨瑞的背。

「用力。」

我又拍了一次。

「靠近肩膀……現在低一點。」

墨瑞穿著睡衣褲，側臥在床上，頭墊著枕頭，嘴巴張開。復健師在教我如何把他肺裡的毒素拍打出來，他現在必須定期這樣做，以免痰梗住他的呼吸道，讓他不能呼吸。

墨瑞有氣無力地說：「我……一直知道……你老是……想打我……」

我一面捶打著他的背脊，一面開玩笑說，是啊，這一記是報復我大二那年你只給我八十分，拍！我們都笑了，但笑聲有點勉強，因為惡鬼已近在咫尺。我們這一幕本該相當溫馨，但我們心知肚明，這可說是臨死前最後的柔軟體操。墨瑞的病魔，已經一步步逼近到他的最後防線——肺部。他曾預言自己會死於窒息，我想不出還有什麼死法比這更可怕。有時他會閉上眼睛，同時用口鼻大口吸著空氣，那種吃力的模樣，彷彿在舉重似的。

這時是十月初，外面已是必須加件外套的氣溫，西紐頓各戶人家的草坪上，是一堆堆的落葉。墨瑞的物理治療師稍早來到，過去護士或治療師要為他治療時，我通常退避一旁，但幾個星期過去，我們相處時間日久，我對他必須接受的種種療程也不再感到不好意思。我想要在場，我想要把一切都看在眼裡。這不太像是平常的我，不過，墨瑞家裡這幾個月來發生的種種，也不太平常。

所以我看著治療師為躺在床上的墨瑞做健療，一邊捶打著他的背脊，一邊問他有沒有感覺胸腔內舒暢些。她休息時問我要不要試試，我說好，墨瑞側枕著的臉露出一絲微笑。

「別太用力，」他說：「我是個老頭兒。」

我照著她的指示，輪番捶打著他的背脊及胸側。我並不喜歡見到墨瑞臥病在床（我想起他上次講的「若躺在床上，你等於已死了」），而他側身躺著，看來如此乾瘦弱小，比較像是小孩的身軀，而不是大人。我看著他蒼白的膚色，幾絡灰白頭髮垂下，兩隻手臂無力地軟癱著。我想到我們花許多時間來健身，練舉重、仰臥起坐等等，但到頭來終究是一具必朽的臭皮囊。我的手指感覺到墨瑞嶙峋瘦骨上的鬆垮皮肉，繼續照指示用力捶打著。說真的，我捶打他的背脊時，有一股想要捶打牆壁的衝動。

墨瑞突然說：「米奇？」他的聲音因為我的捶打而斷斷續續。

嗯哼？

「什麼時候……我……只給你……八十分？」

墨瑞相信人性本善，但他也看到他們會改變。

「人只有在受到威脅時才變得醜惡，」這天稍晚他說：「這是我們的文化所致。在我們的經濟體系中，就連那些有工作的人也倍感威脅，因為他們隨時擔心丟掉飯碗。你若感覺受到威脅，你只會先顧自己。你開始把錢奉若神明。這都是這個文化害的。」

他呼出一口氣。「所以我才不吃這一套。」

我點點頭，握緊他的手。我們現在不時會握著手，這對我又是一項改變。過去讓我覺得尷尬或不安的一些事情，現在我卻習以為常。在我腳下的地板上，靠近他的躺椅，是為他導尿用的尿袋，裡面裝著黃綠色的混濁液體。若是幾個月前，我看了會覺得噁心，但現在這已無足輕重，而他上過大號後房間裡的味道，也沒關係了。他早已不再享有自由行動的奢侈，無法如廁時關上門，用完灑些空氣清新劑。床在那兒，躺椅在這兒，他的世界只剩這樣。如果我的世界也變得像這麼小，我所留下的味道一定不會比這好聞。

「我說要建立自己的次文化，」墨瑞說：「意思並不是要你對周遭的規定都置之不顧。舉例來說，我不會光著身子到處跑。我不會闖紅燈。這些小事我可以遵守，但大的事情——我們怎麼想，我們看重什麼——這些你得要自己選擇。你不能讓任何人或任何社會，為你決定這些事情。

「以我的情況來說好了。人家覺得我現在本該不好意思的事——沒辦法走路、沒辦法自己擦屁股、有些早上醒來只想哭——這些事本質上都沒什麼丟臉或不好意思的地方。

「女人不夠苗條，或是男人不夠有錢，也都是同樣的道理。我們的文化要你這麼想，但不要上當。」

我問墨瑞，他年輕時為什麼沒有移居別處。

「去哪裡？」

我不知道。南美洲、新幾內亞，任何不像美國這麼自我中心的地方。

「每個社會都有自己的問題。」墨瑞眉毛一揚，這等於他在聳肩表示。「逃走不是辦法，你得要努力創造自己的文化。

「聽著，不管你住在哪裡，我們人類的最大弱點，是短視近利。我們不去看我們的長遠未來。我們應該著眼於我們的潛能，努力達成所有的目標。但如果你身邊的人都說：『我現在就要我那一份』，最後就是少數人通吃一切，要靠軍隊來鎮壓那些一無所有的窮人。」

墨瑞望著我背後一段距離外的窗戶。有時你可以聽到一輛卡車經過，或是一陣風吹過。他凝視著鄰居的房子一會兒，然後繼續話題。

「米奇，問題是我們並不相信彼此的相同點。白人和黑人，天主教徒和新教徒，男人和女人。如果我們多看看彼此的共同點，我們就會比較認同天下一家的想法，重視這個大家庭，一如重視自己的家。

「相信我，到你臨死前，你會知道這是真的。我們的開始都一樣——出生；我們的結尾也都一樣——死亡。那麼我們又有多大不同？

「在人類家庭投資，在人身上投資。為你所愛及愛你的人們建立一個小社群。」

他輕輕握了握我的手，我也使力回握。就像廟會市集上那種通天鎚遊戲，你一鎚下去就有塊鐵餅順著竿子飛上去，我幾乎可以看到我手心的暖意，順著他胸膛及脖子湧上去，直抵他的臉頰及眼眶。他露出微笑。

「生命一開始時，我們是嬰孩，得要靠別人才能存活，對吧？到生命盡頭，你若變得像我一樣，你也需要別人才能存活，對吧？」

他聲音低到幾不可聞：「但還有一個祕密：在開始和結束之間，我們同樣需要別人。」

下午稍晚康妮和我坐在臥室，看電視轉播辛普森案的裁決宣判。場面十分緊張，案件雙方主角都目不轉睛盯著陪審團席。辛普森穿著深藍西裝，旁邊坐著律師團，不遠處坐著一心想將他送入監牢的起訴檢察官。當陪審團代表念出「無罪」的裁決，康妮尖叫起來：「噢，天哪！」

我們看到辛普森擁抱他的律師，聽著電視播報員匆忙想要說明這項裁決的意義。我們看到成群的黑人在法庭外的街道上歡聲雷動，成群的白人坐在餐館中呆若木雞。評論者說這項裁決具有劃時代的意義，雖然謀殺案無日不有。康妮離開房間到客廳去，她已經受夠了。

我聽到墨瑞房門關上的聲音，眼睛還是看著電視機。我跟自己說，全世界的人都在收看這玩意。接著我聽到別的房間傳來窸窣聲，那是有人把墨瑞從躺椅上抱起的聲響，我不禁微笑。當所謂的「世紀大審判」來到戲劇性的高潮時，我的老教授卻坐在便器上出恭。

一九七九年，布蘭迪斯校園體育場正進行著籃球賽。我們的校隊打得不錯，學生啦啦隊開始有韻律地喊著：「我們第一名！我們第一名！」墨瑞就坐在一旁，他對這加油聲似乎頗感不解，就在學生們還喊著「我們第一名！」當中，他站起來大吼一聲：「第二名又有什麼不好？」

學生們驚訝地望著他，停止了加油聲。他坐了下來，臉帶微笑，狀甚得意。

第三次電視節目

《夜線》工作人員第三度也是最後一次登門採訪。這一次的氣氛整個不一樣了，比較不像採訪，而像傷感的訣別。泰德．卡柏在採訪前些天打了好幾次電話，問墨瑞：「你覺得應付得來嗎？」

墨瑞不敢說自己可以。「泰德，我現在一直都很疲倦，而且常常會噎住氣。如果有些話我說不出來，你可以幫我說嗎？」

卡柏說那當然。一向不苟言笑的這位主播，又補充說：「墨瑞，如果這次你不想做，沒關係，我還是會來跟你說再見。」

這之後，墨瑞提起時會頑皮一笑，說：「我把他打動了。」的確如此。卡柏如今稱墨瑞為「一個朋友」。就連實事求是的電視人，也對我的老教授產生了惻隱之心。

這次採訪是在一個星期五午後進行，墨瑞穿的襯衫，已經有一天沒換。他固定是隔天換穿一件襯衫，這天剛好不是換新襯衫的日子，那又何必特別打破規律呢？

和前兩次節日不一樣，這次採訪完全是在墨瑞書房中進行，因為墨瑞已經離不開他的躺椅。卡柏吻我老教授的額頭打招呼，他必須要擠在書架一旁，才能入鏡。

在訪問開始前，卡柏問候他的病情。「墨瑞，情況有多壞了？」

墨瑞虛弱地舉起一隻手，只能抬高到胸腹間的高度，就再也舉不動了。

卡柏得到了他的答案。

攝影機開始運轉，進行第三次、也是最後一次的採訪。卡柏問道，隨著死神逼近，墨瑞心裡現在是否更加恐懼。墨瑞回答說不，事實上，他現在比較不害怕了。他說，他開始讓外面的世界遠去，不再那麼常叫人讀報紙給他聽，不再那麼關心今天有哪些信件，轉而聽更多的音樂，看著窗外的樹葉變色。

墨瑞知道還有其他的人得了ＡＬＳ，有的還很有名，像是傑出的物理學家史蒂芬・霍金（Stephen Hawking），他著有《時間簡史》一書。霍金靠喉嚨穿孔進食，說話要透過電腦合成器之助，打字則是用眨眼的方式，由一具感應器偵測他的眼部眨動。

這種精神極其可佩，但墨瑞不想這麼過活。他跟卡柏說，他知道這是該說再見的時候。

「泰德，我活著是要可以和其他人互動。這意味著我可以表現我的情感、我的感覺。和別人說話，和他們一同悲喜……」

他吐出一口氣。「沒有這個，也就沒有墨瑞。」

他們像朋友一樣聊著。卡柏和前兩次訪問一樣，問起了「擦屁股」的事，也許是希望引來墨瑞的詼諧回答。然而墨瑞太疲累了，連淺笑一個都沒辦法，只是搖了搖頭。「我使用便器時，已經無法坐直身子，一直會軟癱下去，所以得靠人扶著我。等我上完了，得靠別人幫我擦乾淨，事情就是這樣。」

他告訴卡柏說，他希望在平靜中死去。他和大家分享他最新的雋語：「別放手得太快，也別死撐太久。」

卡柏勉為其難點了點頭。第一次《夜線》訪問不過是六個月前的事，但墨瑞・史瓦茲顯然已經不成人形。他在全國觀眾面前日漸萎謝，像是步向死亡的迷你影集。只是他的身體雖然朽壞，他的人格卻益加輝耀。

訪問快結束時，攝影機拉近拍墨瑞的特寫，連卡柏都不在畫面中，只有他的聲音傳來問我的老教授，他有沒有什麼話要對深受感動的幾百萬觀眾說。卡柏雖然出於善意，但我還是覺得這像是在問垂死之人的最後遺言。

「要有惻隱之心，」墨瑞輕聲說：「彼此照顧扶持。只要我們學到這一點，世界就會變得美麗許多。」

他吸了口氣，然後說出他的座右銘：「不相愛，即如死滅。」

訪問算是結束了。但不知何故，攝影師並未停住影片，於是錄下了最後這一幕。

卡柏說：「你做得很好。」

墨瑞虛弱地露出微笑。他細聲說：「我把我有的東西給你。」

「你一向如此。」

「泰德，這疾病在打擊著我的心靈。但是它得不到我的心靈。它會得到我的身體，但得不到我的心靈。」

卡柏熱淚盈眶。「你做得好極了。」

「你這麼覺得？」墨瑞眼珠骨溜一轉向上望。「我現在和上面的祂在談條件。我問祂：『我夠格當天使嗎？』」

這是墨瑞第一次承認，他和上帝講著話。

第12個星期二

寬恕

「在你死前寬恕自己，然後寬恕別人。」

這是《夜線》採訪後幾天的事。天空陰雨昏暗，墨瑞身子包著毛氈。我坐在他躺椅尾側，握著他的赤腳，他的皮膚粗硬虯結，腳趾甲發黃。我從一小瓶油膏中擠一些出來抹在手上，開始按摩他的腳踝。

幾個月來，我看著看護這樣為他按摩，如今我深感時間無多，因此自告奮勇來做這件事，盡可能與他接近。病魔已經使墨瑞甚至無法動腳趾頭，但他仍感覺得到痛，按摩可以幫他減輕一些痛楚。當然啦，墨瑞也喜歡有人碰觸他，而到這個階段，只要能讓他高興，我什麼都願意做。

「米奇，」他繼續著寬恕的話題：「心懷仇怨或頑固執拗，有什麼好處呢？這些事情——」他歎了口氣，「我真後悔自己生命中的這些事情。傲慢，虛榮。我們為什麼會做出這些事來？」

寬恕的重要性，是我提出的問題。我看過一些電影，在片中，一家之長在病榻上面臨命終之時，會把和他關係疏遠的一個兒子叫來，父子言歸於好，讓自己能走得安心。我在想，墨瑞是否也會有這樣的情形，突然覺得有必要在死前向誰說聲「我對不起你」？

墨瑞點了點頭。「你看到那尊雕像嗎？」他的頭向旁邊一側，他書房那一端的書架上，高高的地方擺著一尊頭胸像。我以前未曾真正注意到它。這是一尊青銅男子像，人像看來約莫四十來歲，戴著領結，一綹頭髮拂著前額。

「人像是我，」墨瑞說：「我的一個朋友大概在三十年前雕的。他叫諾曼。我們曾經在一起消磨許多時間。我們一起游泳，一起坐車去紐約。他常找我到劍橋他家去，雕像就是他在家裡地下室做的。這花了他好幾個禮拜的工夫，但他很認真要做好這尊頭像。」

我仔細端詳了一下。看到墨瑞的立體頭像俯瞰著我們，看來如此健康、年輕，感覺有點奇特。青銅像也有著他那種詼諧促狹的表情，顯然這朋友捕捉到了墨瑞的若干神髓。

「只是後來很遺憾，」墨瑞說：「諾曼和他太太搬到芝加哥去。過了不久，我太太動了一次相當嚴重的手術。諾曼夫婦沒有跟我們聯絡。我知道他們曉得她動手術這件事，夏綠蒂和我很不高興，因為他們都沒打電話來問她情況如何。所以我們就斷了關係。

「後來幾年間，我幾次碰到諾曼，他都想要言歸於好，但我不肯。我對他的解釋不滿意，我充滿傲慢，我不把他當一回事。」

他的聲音哽咽。

「米奇……幾年前……他死於癌症。我很難過。我都沒去看他。我未能寬恕。這件事讓我想到就傷心……」

他又一次哭了，是無聲的飲泣。由於他的頭向後倚，眼淚順著他臉頰滾下，流到唇際。

我說，很難過聽到這樣的事。

「別在意，」他輕聲說：「流眼淚沒關係的。」

我繼續按摩著他了無生氣的腳趾。他飲泣了幾分鐘，沈浸在回憶中。

「米奇，我們要寬恕的不僅是別人，」最後他低聲說：「我們也要寬恕自己。」

寬恕自己？

「對，寬恕自己沒去做的事，寬恕自己本應該去做的事。你不能因為什麼事而終生抱憾。等你到我的年紀，就知道這樣不行。

「我一直希望自己的工作做得更好，一直希望我可以多寫幾本書。我以前常為這個含恨不已。現在我知道，這樣子沒有半點好處。要同自己和好，也和身邊每一個人和好。」

我傾身向前，用面紙拭去他臉上的淚痕。墨瑞眼睛眨了眨，然後閉上。他的呼吸清晰可聞，彷彿是輕微的鼾聲。

「寬恕自己，寬恕別人。米奇，不要遷延。不是每個人都像我有這段時間，不是每個人都這麼幸運。」

我把擦過的面紙丟進垃圾桶，回到墨瑞腳邊。幸運？我用拇指使勁按他僵硬的肌肉，他連感覺都沒有。

「米奇，對立面的衝突，還記得嗎？你受到不同力量的拉扯？」

我記得。

「我悲歎自己所剩不多的日子，但我也珍惜這個機會，讓我可以把事情做對。」

我們沈默坐了半晌，聽著雨點打在窗戶上。他頭部後面那盆芙蓉，仍然花葉紛發，纖弱但富有生命力。

墨瑞輕聲說：「米奇。」

嗯哼？

我一心只顧著以手指按摩他的腳趾。

「看著我。」

我抬頭一看，他的兩眼炯炯有神。

「我不曉得你為什麼會回到我身邊，不過我想說這句話……」

他頓了一頓，聲音哽咽。

「如果我可以再有一個兒子，我希望他會是你。」

我垂下眼睛，用手指捏著他毫無生氣的腳趾。有那麼片刻我感到一絲懼意，彷彿我若接受了他的話，就像是對我親生父親的不敬。但當我再抬起頭，我看到墨瑞含淚微笑，我曉得在這樣的時刻，怎有何不敬可言。

我唯一害怕的，是告別的時刻。

「我選好了墓地。」

在哪裡？

「離這裡不遠。在山坡上，一棵樹下，俯視著池塘。十分安靜祥和，是個想事情的好地方。」

你打算去那裡想事情？

「我打算去那裡安息。」

他咯咯笑，我也咯咯笑。

「你會來看我？」

看他？

「就是來聊聊。記得星期二來。你都是星期二來。」

我們是星期二夥伴。

「對，星期二夥伴。那你會來聊聊？」

他身體衰弱得很快、很可怕。

他說：「看著我。」

我在看著。

「你會來我墳上？跟我講你的苦惱？」

我的苦惱？

「對。」

那你會回答？

「我盡量。我不是一向如此？」

我想像著他的安息地，在山坡上俯瞰著池塘，他長眠在兩、三米見方的泥土下，上面有塊墓石。也許再過幾星期？也許再過幾天？我看到自己獨自坐在那裡，兩手抱膝，凝望著天空。

我說，那會不一樣的，聽不到你講話。

「啊，講話……」

他閉上眼睛，微笑起來。

「這麼說吧。等我死後，你說話，我聆聽。」

第13個星期二
如何設計完美的一天

墨瑞希望火化。他和夏綠蒂討論過，兩人決定這是最好的方式。布蘭迪斯的猶太教長艾爾．艾斯洛德（Al Axelrad，他們的老朋友，他們決定請他主持告別式）前來探視墨瑞，墨瑞跟他說自己火化的打算。

「艾爾，還有。」

「什麼事？」

「叫他們別把我烤得太熟。」

教長不敢置信的看著墨瑞，但他現在已不忌諱拿自己的身體開玩笑。他離死愈近，就愈把身體看成只是個殼，是靈魂的載體。反正他的身體正逐日萎縮成無用的皮包骨，這使他覺得棄之無甚可惜。

我坐下的時候，墨瑞說：「我們如此害怕看到死亡。」我調整著他領子上的麥克風，但它就是一直滑下來。墨瑞咳了起來，他如今咳個不停。

「前幾天我讀了一本書，書裡說醫院裡有人死了之後，他們就用被單蓋著頭，用輪床運走，運到一個滑槽邊，將死人推下去。他們對屍體是眼不見為淨，彷彿死亡會傳染似的。」

我忙著處理麥克風，墨瑞瞄了我的手一眼。

「死亡是不會傳染的。它就和生命一樣自然，它是我們的本然。」

他又開始咳嗽，我退後一步等著，提防他的情況變嚴重。墨瑞最近幾晚情況都很差，甚至很嚇人。他每次只能小睡兩、三個鐘頭，然後就劇烈咳嗽而驚醒，看護聽到聲音就進臥房來，捶打著他的背，試著排除梗住他呼吸道的毒素。即使看護能讓他回復正常的呼吸（所謂「正常」，意思是經由氧氣機之助），這番纏鬥下來他也精疲力竭，第二天整天精神不振。

如今他的鼻孔連接著氧氣管。我不喜歡看到這樣，這象徵他生命的脆弱無助，我有一股衝動，想將氧氣管抽下來。

墨瑞輕聲說：「昨晚……」

什麼？昨晚怎樣？

「……我發作很嚴重，持續好幾個小時，我真的不曉得自己撐不撐得過來。我喘不過氣，整個人都快窒息了。一度我還意識模糊……接著我突然感到一種平靜，覺得自己準備好要走了。」

他的眼睛圓亮。「米奇，那是種十分難以置信的感覺。感覺對當下發生的事坦然接受，完全心平氣和。我那時想著上星期做過的一個夢。夢中我走過一座橋，前往未知的所在。不管那會是什麼，我都準備好要踏出那一步。」

可是你並沒有。

墨瑞停了半晌，然後微微搖頭。「是沒有，但我感到我準備好了。你了解嗎？

「那就是我們都在追尋的，對於死亡感到平心靜氣。如果我們到最後知道自己可以安然接納死亡，那麼就可以做到那件最大的難事。」

什麼難事？

「安然接受生命。」

他要求看他背後窗台上的那株芙蓉。我用手捧起花盆，舉到他眼前。他賞花，微笑著。

「死亡是自然的。」他說道：「說真的，我們對死亡大驚小怪，因為我們不把自己視為自然的一部分。我們覺得自己是人類，所以就高於自然。」

他對著花兒微微一笑。

「我們並不高於自然。凡有生者，必有死。」他把視線轉向我。

「你接受這一點嗎？」

接受。

「很好，」他輕聲說：「回報在這裡，這是我們和這些美妙的植物和動物的不同所在。

「只要我們可以彼此相愛，並記得我們有過的愛的感覺，我們就雖死猶存。你所曾激起的愛意，都仍留存於世，所有的記憶都還在。你並沒有死，你仍活在那些你曾經打動、曾經扶持的人們心中。」

他的聲音變得沙啞，這通常意味他需要休息一會。我把盆栽放回窗台，回身來將錄音機關掉。在我關機前，墨瑞說了最後一句話：「死亡結束的是生命，不是關係。」

ＡＬＳ的治療出現新的發展，有種臨床實驗階段的新藥，剛獲得許可上市。這種藥無法根治疾病，但可以延緩病情，讓身體的萎縮癱瘓變慢好幾個月。墨瑞聽過這種新藥，但他的病情已經到了末期，而且這種藥最快還要好幾個月才買得到。

墨瑞對這件事一笑置之，說：「輪不到我。」

自從他得病以來，墨瑞從未抱持病可以好起來的希望。他絕對地實事求是，不抱任何幻想。一次我問他說，如果有人可以揮舞魔杖，讓他好起來，他會不會變回從前的他？

他搖搖頭。「我不可能變回去的。我現在已經是不一樣的人。我的態度不一樣了，我對自己身體的看法不一樣了，我知道了自己以前人在福中不知福。我不一樣的地方在於我努力想解答人生的大問題、終極問題，那些終日揮之不去的問題。

「你知道就是這樣。一旦你開始思考這些大問題，你就再也抽不開身了。」

那麼是哪些大問題呢？

「在我看來，這些問題包括愛、責任、靈性、覺知。就算我現在是健健康康的人，這些仍是我關切的事。我早該這麼做的。」

我試著想像墨瑞健康的樣子，想像他扯掉覆在身上的毛氈，從他的躺椅起身，我們兩人到附近散步，就像我們以前在校園裡散步一樣。我突然想到，我最後一次看到他站著，已經是十六年前的事。已經十六年了？

我問，你若是有一天時間健健康康的，你會做些什麼？

「二十四小時？」

二十四小時。

「我想想看……我會早上起床，做做運動，吃頓甜捲餅配茶的美好早餐，出去游個泳，然後請我朋友來吃頓愜意的午餐。我會叫他們每次一、兩個人分批來，好讓我們談他們的家庭、他們的問題，談我們對於彼此的意義。

「然後我會出去散散步，去林木扶疏的花園，看著紅花綠葉、看著禽鳥飛翔，欣賞我許久未見的大自然美景。

「傍晚我們一起上館子，吃美味的義大利麵，也許再來些鴨肉——我喜歡鴨肉——然後我們整晚勁舞狂歡。我要和所有的舞伴飆舞，直到我筋疲力盡。然後我回家，倒頭睡上一個好覺。」

就這樣？

「就這樣。」

就這麼簡單，這麼平常。事實上我有點失望。我以為他會想飛到義大利，或是和總統共進午餐，或是在海灘徜徉，或是嘗試他能想到的所有新奇事物。這麼多個月來，他只能躺在那裡，連提腳走路都沒辦法——結果他只想要這麼一個普通的日子，這哪稱得上完美？

然後我恍然大悟，這就是重點所在。

這天我起身告辭前，墨瑞問說他能不能提一件事。

他說：「你的弟弟。」

我打了個寒顫。我不曉得墨瑞怎麼會知道我心裡懸著這件事。幾個星期以來，我都試著打電話給我在西班牙的弟弟，後來才經由他一個朋友得知，他常要搭飛機前往阿姆斯特丹一家醫院治病。

「米奇，當我知道你無法和自己關心的人在一起時，覺得很難過，不過你要尊重並接受他的意願。也許他不希望打擾你的生活，也許他承受不了這個負擔。我跟我認識的每個人講，他們要照常過日子——不要因為我快死了就打亂他們的生活。」

我說，可是他是我弟弟。

「我曉得，」墨瑞說：「所以這才讓人難過。」

我腦海中浮現彼得八歲大的模樣，他的金色鬈髮蓬鬆鬆的一團。我看到我們在家旁邊的草地扭打著玩，草汁染透我們牛仔褲的膝部。我看到他在鏡子前面唱歌，手拿一支牙刷當作麥克風。我看到我們兩人擠進閣樓去躲著，跟叫我們吃晚飯的父母大玩捉迷藏。然後我看到他長大後的模樣，和家人疏離，病瘦虛弱，因為化學治療而形容枯槁。

我問：墨瑞，他為什麼不想見我？

我的老教授歎了口氣。「人跟人的關係沒有公式可言，只能以關心為出發點，為雙方都留下空間，設想他們所想要、所需要的東西、他們能做的事，還有他們自己的生活。

「在事業上面，出發點是要贏，是要得到我們想要的東西。也許你已經習慣了這一點。愛和關心是不一樣的。愛是對別人的處境感同身受。

「你和你弟弟有過成長的共同生活，現在你已經無法和他分享這些。你想要重拾這段時光，你不希望中輟。但人生在世就是這樣，中輟、再來過，中輟、再來過。」

我望著他，只覺得心灰意懶，深感無助。

墨瑞說：「你會找回你弟弟的。」

你怎麼知道？

墨瑞微微一笑。「你找回了我，不是嗎？」

墨瑞說：「前幾天我聽人講一個很好的小故事。」他閉目養神片刻，我耐心等著。

「好。故事是有關一個小波浪，在海裡翻滾著，日子過得很愉快。他喜歡風和新鮮的空氣，直到有一天他注意到，其他的波浪都在他前面，拍擊著岸邊。

「『我的天哪，這真可怕，』小波浪說：『我的最後命運也是這樣！』

「這時來了另一個波浪，他看到小波浪悶悶不樂，就問他：『你什麼事這麼不高興？』

「小波浪回答：『你不了解！我們都會拍打到岸邊！我們這些波浪都會化為烏有！這不是很可怕嗎！』

「這個波浪說：『錯了，你才不了解。你不是一個波浪，你是海洋的一部分。』」

我露出微笑。墨瑞又再度閉上眼睛。

「海洋的一部分。」他說：「海洋的一部分。」我看著他呼吸，吸氣、呼氣，吸氣、呼氣。

第14個星期二
我們說再見

我步上墨瑞家台階時，天氣陰冷潮濕。我觀察著四周，看著以前來訪時都未曾去注意的許多東西。山坡的起伏、房子的石牆面、爬牆虎、低矮的樹叢。我慢慢走著，不慌不忙，腳底踏著潮濕的落葉，滋滋有聲。

夏綠蒂前一天打電話來說，墨瑞「情況不太好」。她這樣說的意思，是大限已經不遠了。墨瑞取消了他所有的約定，大部分時間都在睡覺，這和平常的他不一樣。他從來不重視睡覺，重要的是有人可以跟他講話。

夏綠蒂說：「他希望你來看他，不過米奇……」

怎樣？

「他十分虛弱。」

露石台階。門口的青草。我慢慢走著觀察這些東西，彷彿生平頭一次見到似的。我摸著肩袋中的錄音機，把袋子拉鍊拉開，確定我帶了錄音帶。我不曉得自己為何這樣做，我一向不會忘記。

康妮前來應門，她平常都精神抖擻，但今天表情凝重，說哈囉也聲音輕輕的。

我問：「他情況如何？」

「不是很好。」她咬著下唇。「我真不願去想。你也曉得，他是個好人。」

我曉得。

「真是老天沒眼。」

夏綠蒂走過來，抱了抱我。她說墨瑞還在睡，雖然已經是上午十點。我們走進廚房，我幫她打理一下，注意到桌上許多的藥瓶，褐色的塑膠瓶身、白色的瓶蓋，一排排像在接受檢閱。我的老教授現在已開始服用嗎啡，好讓他呼吸順暢些。

我把我帶來的吃的，放進冰箱中——湯、蔬菜蛋糕、鮪魚沙拉。我跟夏綠蒂說，真不好意思帶這些東西來。我們都知道，墨瑞這幾個月來已無法吃這些東西，但這變成我們的一個習慣。有時當你就要失去某人，你會謹守著一些習慣不放。

我在起居室等著，墨瑞和泰德．卡柏的第一次採訪，就是在這裡做的。我拿起桌上的報紙來看。明尼蘇達州兩個小孩拿爸爸的槍玩，結果互相打傷了對方。洛杉磯一處巷弄的垃圾桶中，發現一具小嬰屍。

我放下報紙，瞪著空洞的壁爐出神，用腳輕輕拍點著硬木地板。終於我聽到一扇門開了又關的聲音，然後是夏綠蒂走向我的腳步聲。

「可以了，」她輕聲說：「他在等你。」

我站起身來，走向我們談話的老地點。這時我看到一個陌生婦人在客廳另一端，兩腿交叉坐在摺疊椅上，讀著一本書。她是院方派來的安寧看護，墨瑞一天二十四小時都要有人照顧。

墨瑞的書房空著，我搞不懂這是怎麼回事。我遲疑著轉過身，走向臥室，他真的在裡面，躺臥在床，蓋著被子。我只看過他這樣一次，那時他在接受按摩。我腦中不由得想到他說的，「若躺在床上，你等於死了。」

我走進房間，臉上勉強帶著笑。他穿著件睡衣，胸部以下覆著毯子。他在毯子下的身形如此瘦小，就像個小孩一樣，我幾乎以為他的身體有一部分不見了。

墨瑞的嘴張著，臉色蒼白，顴骨高聳而面皮緊繃。他眼睛轉向我，試著要講話，但我只聽到微弱的咕噥聲。

我心裡一陣緊，但還是努力高興地說，原來他在這裡。

他吐出一口氣，閉上眼睛，然後露出微笑。就連這樣也似乎花了他好大力氣。

終於他說道：「我……親愛的朋友……」

我說，你的朋友在這。

「我今天……不是很好……」

明天就好了。

他不無困難地呼出口氣，勉強點點頭。我看到被子跟毯子下，他掙扎著要做什麼，最後才了解他是想把手伸出來。

他說：「握……」

我把被子拉下，抓住他的手指，他的手整個沒入我手中。我傾身向前，離他臉部約莫只有十公分。這是我第一次看到他沒刮鬍子，他下巴的花白鬍碴看來讓人很不習慣，彷彿是有人在他臉頰及下巴撒了一顆顆鹽巴。他體內生命力已經無多，這些鬍子怎麼還有力氣冒出來？

我輕輕喚著：墨瑞。

他糾正說：「教練。」

我說，教練。我打了個寒顫。他說話是勉強擠出來的，吸一口氣，再吐出幾個字來。他的聲音微弱而沙啞，身上有種油膏的味道。

「你……是個好孩子。」

好孩子。

「碰我……」他微弱的說，一面把我的手放到他心臟部位。「這裡。」

我覺得喉中彷彿被什麼梗住。

教練？

「嗄？」

我不曉得怎麼說再見。

他輕輕拍著我手背，我的手還是置於他心上。

「我們……這樣子……說再見。」

他輕輕地吸氣呼氣，我感覺到他胸腔的起伏。然後他直視著我。

他啞著嗓子說：「愛……你。」

教練，我也愛你。

「就知道……你……懂得……有些事……」

你知道什麼？

「你……總是有著……」

他的眼睛瞇起來，然後哭了，他的臉扭曲成一團，像個還不解人事的小嬰孩。我和他貼近著好幾分鐘，拂著他鬆弛的皮膚，摸著他的頭髮。我用手掌貼著他的臉，感覺到他的顴骨及瘦削的臉型，以及他滾動四散的點點淚珠。

當他的呼吸逐漸回復正常，我清清喉嚨說，我知道他累了，所以我下星期二再來，到時候我希望他快活點，謝謝。他鼻子發出一陣哼聲，這是他能發出最接近笑聲的聲音，聽了更是令人傷心。

我拿起我的袋子，裡面裝的是我的錄音機。我幹嘛帶這個來？我早知道今天根本用不上這個。我傾身向前，貼近他和他吻頰告別，臉貼著臉、鬍子對著鬍子、皮膚貼著皮膚，這樣靜著不動，比平時更久，希望這樣能讓他高興，哪怕只是一剎那也好。

我說，好嗎？把身子抽回。

我眨著眼強忍眼淚，他嘴唇咂在一起，揚起眉毛，看著我的臉。我後來這麼告訴自己，我讓我親愛的老教授得到那麼一剎那的欣慰感：他終於讓我哭了。

他微弱地說：「好。」

畢業

墨瑞在一個星期六早上去世。

當時他家人都在身邊。羅勃從東京趕了回來——他趕上和父親吻別。強也在家裡，夏綠蒂當然不用說，還有夏綠蒂的姪女瑪莎，她就是為了他的「非正式」告別式寫詩並朗誦的那位女士，詩中將他比擬為「溫柔的水杉」。他們在他床邊輪值守護，因為在我最後一次探望後的兩天，墨瑞就陷入昏迷，醫生說他隨時會走。不過他沒那麼快認輸，又撐過一個困難的下午，以及一個黑暗的晚上。

最後在十一月四日，他心愛的家人離開房間一會兒——去廚房倒杯咖啡，這是他陷入昏迷以來，唯一一次家人不在身邊——墨瑞停止了呼吸。

他就這樣走了。

我相信他是故意這樣走的。我相信他不想要有那讓人戰慄的時刻，不想要有人目睹他停止呼吸而終生耿耿於懷，就像他對母親的電報死訊，或是父親在殯儀館的屍身那樣耿耿於懷。

我相信他知道他躺在自家床上，他的書籍、他的筆記和他的小芙蓉盆栽就在近旁。他希望走得平靜，果然如願以償。

告別式在一個濕冷多風的早晨舉行。青草雨露點點，天空乳白一片。我們站在墓穴旁，池塘靜得可以聽到池水掠岸聲，看到鴨子抖著羽毛。

想來參加告別式的不下數百人，但夏綠蒂只請一些至親好友前來觀禮。艾斯洛德教長朗讀了幾首詩。墨瑞的弟弟大衛（他仍然因為小兒痲痺而走路一跛一跛）依習俗拿起鏟子，向墓穴中撥土。

在墨瑞的骨灰盒放進墓穴之時，我舉目打量這個墓園。墨瑞說得對，這是個很好的地點，林蔭綠草，山巒起伏。

他說：「你說話，我聆聽。」

我試著在心裡照他講的做，結果很高興地發現，這番想像的對話感覺幾乎再自然不過。我低頭望著雙手，看到我的手錶，突然明白了為什麼。

這天是星期二。

「我父親走過我們這些人
歌唱著每棵樹的每張葉
（每個孩子都敢說春天
聽到我父親歌聲也起舞）……」

——康明思（e. e. cummings）詩作
墨瑞之子羅勃在父親告別式中誦讀此詩

結語

我有時會回想起找回我老教授之前的那個我。我有話跟那個人說。我要告訴他什麼才是要緊的，要小心不要重蹈覆轍。我告訴他，要心胸開闊，不要受到那些張牙舞爪價值觀的誘惑，你心愛的人講話時要用心傾聽，彷彿這是你最後一次聽他們講話。

不過最主要的，我要叫那個人搭上飛機，去麻州西紐頓探望一個和藹可親的長者，而且事不宜遲，不要等到那長者生病了，再也無法跳舞才去。

我知道這已是不可能了。沒有人能夠彌補過去，或是在生命中從頭來過。不過我若從墨瑞．史瓦茲教授那裡學到了什麼，那就是：生命中沒有什麼「太遲了」的事。生命直到最後一刻都是變動不居。

墨瑞死後不久，我和西班牙的弟弟取得了聯絡，做了一番長談。我告訴他，我尊重他保持距離的想法，我要的只是和他保持聯絡——是現在，不只是過去——在他容許的範圍內，盡量和他在一道。

「你是我唯一的弟弟，」我說：「我不想失去你，我很愛你的。」

我以前從沒跟他講過這樣的話。

幾天後，我收到一張傳真，傳真文字是漫無章法、標點符號不清的打字，那是我弟弟的一貫風格。

「嗨！我升級到了九〇年代！」傳真劈頭就這麼一句。他講了幾個小故事，說他這星期做了些什麼，還有幾個笑話。

最後他是這樣寫的：

「我現在有心悸和腹瀉——生命真是賤。過幾天再聊？

〔簽名〕」

我笑得眼中含淚。

這本書主要是墨瑞的主意，他說這是我們的「最後論文」。好的合作方案都能讓共事者更為接近，這本書就是如此。當幾家出版社都對此表示興趣時，墨瑞感到很高興，雖然他生前未能和任何一家出版商洽談。出書的預付款，解決了墨瑞部分可觀的醫藥負擔，我們都甚感欣喜。

在墨瑞死後，我找出幾箱子大學時期的東西來看，結果找到我在他班上寫的最後一篇報告，這已是二十年前的事了。我在報告封面上用鉛筆寫了給墨瑞的幾句話，墨瑞也在下面用筆回覆。

我提筆是這麼寫的：「親愛的教練……」

他答筆說：「親愛的選手……」

不知何故，我每次看到這個，就更加想念他。

你有沒有遇過一個真正的好老師？他把你看作是一塊璞玉、一顆原鑽，只要假以智慧磨練，就可以發出耀眼光輝。如果你很幸運能有這樣一位老師，你總有一天會回到他的身邊。有時你只是在心裡想。有時你會陪侍在側。

我老師一生所教的最後一門課，每星期上課一次，地點在他家書房，窗口可看見一小株芙蓉，粉紅色的花兒落地紛紛。上課是在每星期二，不用教科書，課目叫作生命的意義。老師用他的人生經驗來教。

課繼續在上。

後記

我聞微弱、悲傷之聲，
於周遭墳間兀立少頃，
我說：「老朋友們，
如今人世紛擾隔絕，
煩惱憂愁何來？」

——湯瑪士．哈代（Thomas Hardy），〈將忘之人〉（the To-Be Forgotten）

我的確去了墨瑞的墳上。

其實我去過許多次。起初，這麼做是為了信守承諾，後來則是為了維持聯繫。有的時候，人們會對探訪逝去之人感到厭倦。但我的老教授還在世時，我已經和他失聯一次。

我不要在他辭世後重蹈覆轍。

在我為二十周年紀念版打下這些文字的一星期之前，我才剛去拜訪過他。那天是初秋時節，學生返回校園，連帽夾克出籠，變了色的葉子，在逐漸枯萎凋零之際，益發繽紛。我循著熟悉的路線走向刻著他名字的小石碑，這些變色的葉子，覆蓋住紐頓墓園濕漉漉的草地。

我跪下來，注意到他墓碑上的生卒日期，然後打了個顫。

當年我們共享星期二的時光，現在的我，年紀更接近當時的墨瑞。

「嗨，教練，」我起了頭，每次要展開這些對話時，我的聲音總是不自然：「你在那邊過得好嗎？……」

回顧這本書的內容，我發現，我把墨瑞要我去他墳上的那段對話寫得很簡要。他第一次提到的時候，我告訴他，我無論如何都會做此安排。他向我會心一笑。

「不要和別人一樣。」他用低啞的聲音說：「不要車子沒熄火，只是下車放束花，就回到車上……

「在你有空的時候過來，帶條毯子。」

毯子？

「帶一些三明治。」

三明治？

「和我說說話，聊人生，聊你的問題。你可以告訴我誰打進世界大賽。」

我莞爾一笑，還取笑他，誰會把毯子鋪在墓地中間，吃三明治，對著空氣說話。

「他們會把我抓走。」我想我開了個玩笑。

但年紀大一點之後，我懂他為何要那樣說。我明白這對他為何如此重要——只是為了確定我會出席。這是好老師的作法。

這本書描述的事件過了二十年後，我才明白，在內心深處，真正使墨瑞惶惶不安的並非死亡。

而是被人淡忘。

就結果而言，這一點他並不需要擔心。我的老教授辭世之後，比他還跟我們在一起時更出名。自從這本小書在一九九七年出版，全世界的中小學和大學都拿來當作教材，墨瑞想必會非常高興。此外，一齣電視電影，還有一齣經常搬演的戲劇，令他的智慧在舞台和螢幕上繼續活躍著。

但我相信，墨瑞最希望的，是充滿朝氣地活在親朋好友的內心和腦海之中。在他的骨灰入土二十年後，他的確如此。

但我們呢？

前文引用一首哈代扣人心弦的短詩，內容描述一名男子聽見墳墓下方傳來聲音，哀歎「再次死亡」——當遭埋葬的靈魂消逝殆盡時，終將遭人遺忘。

我在寫《一點小信仰》的時候，猶太拉比奧勃特．路易斯（Albert Lewis）問我，人們會記得他多久。這一點他似乎多慮了，這個社群裡有這麼多景仰他的人。可是，他用溫和的態度要我認真地想一想。

他說，他的孩子當然會記得他，孫子輩也會記得。但孫子輩的孩子呢？也許會透過照片記得他。那麼他們的孩子呢？就問問你自己吧，你能拼出玄祖父母的名字嗎？

事實上，除非創下某種歷史，我們很少有人可以期待自己在兩、三個世代之後，還能有意義地存在於別人的記憶中。死亡是如何結束生命，卻不結束一段關係？就像我老教授經常提到的那樣？

墨瑞既不富裕也不有名，在世時並非家喻戶曉，像這樣的人，是如何辦到的？

我想，我知道答案。

有的星期二，其他人會去拜訪我的老教授。他們當然是在我沒有預約的日子前去的。隨著時間推移，我注意到一個模式。許多人上門時，決心讓墨瑞打起精神來，但是在他的辦公室待上一小時後走出去，卻是激動地落下眼淚。但他們哭的，不是墨瑞令人哀傷的命運。

他們落淚是因為**自己的**工作、**自己的**離婚事件、**自己的**問題。

「我進去，試著讓他打起精神，」他們說：「但他馬上問起我的問題，我告訴了他，他問得更深入，我就仔仔細細地說了，之後我開始哭泣……

「我進去安慰他，但最後變成是他安慰我。」

終於，某個星期二，我直接向墨瑞提問。

「我不明白，」我說：「若有誰終於爭到權利，有資格說出：『我們別談你的問題，來談我的問題。』這個人就是你。你生病了，生的還是非常棘手的病。你為什麼不就只是接受他們的同情呢？」

墨瑞揚起一側眉毛，彷彿答案很明顯。

「米奇，」他說：「我為什麼要像那樣子接受？接受只是讓我感覺自己正在邁向死亡。付出讓我覺得自己活著。」

付出讓我覺得自己活著。

這句話意義深遠。

也很有道理。因為我們知道，反過來並不正確。接受永遠不能讓你感覺活著。這或許是行銷、商業主義和麥迪遜大道的構成基礎；但我們知道，墨瑞說過：「不要接受這種文化。」購買新車、新西裝、新平板電視，沒有一樣能讓我們覺得活著。這是短暫的興奮感，一旦失去新鮮的氣息（或過保固期），很快就會消逝。

墨瑞了解這一點。這就是為什麼他的東西很多都可以用「老派」來形容的原因。他把精力投注在別的事物上：付出自己。在他邁向死亡的過程中，某些時刻，他認為是這一點令他不朽於世。

付出便是活著。

而在這本書出版二十年後，我可以說，這是書中最重要的訊息，也是讀者經常問我的問題。當然，其他充滿愛的想法和箴言，也是墨瑞教給我們的重要事情。在人生中任何一刻，你的腦海中都有可能浮現這些智思佳言，帶來啟發——我明白，我就是如此。但「付出便是活著」，不只是墨瑞說過的話，更是他的哲學，他**存在的理由**，甚或他的祕訣。

至少，我是一直到他的教誨像染料慢慢滲入布料那般產生影響，才終於明白這個祕訣。在他辭世後，由於他的敦促，我更加投入社區參與和慈善工作，跟貧窮或弱勢的人一起做事。最後，因為這個緣故，我到了海地，經營一間孤兒院，每個月到孤兒院造訪一次。也因為如此，幾乎就在我第一次上墨瑞星期二的課之後二十年，我遇見了一個小女孩；她五歲時突然罹患了腦瘤。

又一次，我定期拜訪、付出關心的人被判了死刑。只是這次，我年紀比較大，她年紀比較小，而我們之間沒有其他人。

所以，我把她帶回美國和我們一起生活。

這是我所始料未及的開端，也正是墨瑞遺留下來最優良的傳統：我成了老師。突然間，他在我們星期二相處時教導我的事，不僅在我的內心世界複習著，還需要再次傳授給另一個人——一個我珍視的幼小孩子。潔寧和我決心在時間和醫療允許的情況下，帶給她豐盈充沛的生命，教導她生命中所有真正重要的事。在她和我們生活的一年半裡，她睡在我們放在床腳的一張小床墊上，我一直對她付出，時間大都花在她的身上。活著的感覺，從未如此真實。

我最近一次到墨瑞的墳上，就是告訴他這件事。付出便是活著。教練，你說得真對。

我可以想像他說：「我會是你見過最健康的老人。」我之前也經常那樣說。只是現在，我知道人無法指望這一類的事。你的血脈、基因、ＤＮＡ、將來的偶發事件，都不是你發豪語就能控制的——不管你是五歲，還是七十八歲都一樣。

在搆得著的範圍內的事務，是墨瑞一再訴說的。某一天，瞧一眼站在你肩上的小鳥兒。你問：「今天就是我死去的日子嗎？」在小鳥兒說「是」的那一天，一個好的回答會是，你把歲月運用在付出上頭，付出自己的時間，付出自己的心，付出自己。人就是這樣活過一天，或者透過他人、透過世世代代而存活下來。要知道，墨瑞沒有讀過這本書的一字一句，卻籍此接觸到許許多多的人。為什麼呢？因為他的付出。他在臨終之前，花時間對一個冥頑不靈的學生付出，之後有人讀了這本書，把書交給某個人，那個人又把書傳下去；瞧，他已經不在這裡教這門課了，但他的讀者增加了好多。

我去墳上看他。而你，閱讀這些書頁，身在他的課堂當中。因為這個身材矮小、頭髮灰白的人，我們彼此連結——我們不是波浪，而是海洋的一部分——他在感動我們的同時，也繼續活下去。我想這是我的老教授留給我們最可貴的寶藏。我希望，無論他如今身在何方，這本書都能令他笑逐顏開。

國家圖書館出版品預行編目(CIP)資料

最後14堂星期二的課 / 米奇・艾爾邦（Mitch Albom）著；
白裕承, 趙盛慈譯. -- 三版. -- 臺北市：大塊文化, 2018.07
248面；14.8x20公分. -- (mark；8)
20週年紀念版
譯自：Tuesdays with Morrie
ISBN 978-986-213-902-8(平裝)

1. 人生哲學 2. 生死觀

191.9 107009043

LOCUS

LOCUS

LOCUS

LOCUS